vor ungefähr 40 Jahren landeten erstmals Menschen auf einem fremden Himmelskörper. Seit der Mondlandung von Apollo 11 im Juli 1969 sind Raumfahrtmissionen zu einem normalen Bestandteil unserer Zivilisation geworden. Dennoch fasziniert es die Menschen immer wieder, welche Herausforderungen Astronauten, Forscher und Ingenieure auf sich nehmen, um das Weltall zu erforschen. Schon kleine Kinder stehen mit großen Augen unter dem Sternenhimmel und versuchen, das Gesehene zu verstehen und zu deuten.

Dieses Buch ist ein Vorlese- und Experimentierbuch. Die Mischung aus Experimenten und Geschichten hat zum Ziel, die Fantasie der Kinder anzuregen, sie aber auch für eigene Aktivitäten zu begeistern.

Die Geschichten erzeugen Emotionen wie Spannung und Freude, verlangen konzentriertes Zuhören und nehmen die Kinder mit auf eine Fantasiereise.

Die Experimente vermitteln einfache naturwissenschaftliche Sachverhalte und entwickeln die ganz praktischen Fähigkeiten der Kinder (mit Werkzeugen umgehen, verschiedene Materialien bearbeiten). Die Kinder erkennen Strukturen und trainieren dabei ihre Wahrnehmungs- und Sprachfähigkeit. Der Ansatz dieses Buches ist also ganzheitlich zu sehen.

Auf folgende Punkte sollten die betreuenden Eltern, Lehrerinnen und Lehrer sowie Erzieherinnen und Erzieher dabei achten:

- Besprechen Sie zuerst, was getan werden muss. Lesen Sie die Versuchsbeschreibung genau durch und klären Sie die Begriffe, um Fehler und Frust zu vermeiden.

Joachim Lerch · Ute Löwenberg

Die kleinen Weltraum-Forscher

Eine Abenteuergeschichte mit EXPERIMENTEN aus dem SCIENCE HOUSE

Mit Illustrationen von
Angela Fischer-Bick

HERDER 4b

FREIBURG · BASEL · WIEN

Inhaltsverzeichnis

- Nehmen Sie sich ausreichend Zeit zum Basteln und Experimentieren. Geben Sie den Kindern die Lösungen nicht vor, sondern lassen Sie sich Zeit, um sie gemeinsam mit ihnen zu klären.
- Lassen Sie die Kinder die Experimente selbst vorbereiten und durchführen. Leisten Sie nur dort Hilfestellung, wo dies aus Sicherheitsgründen notwendig ist oder wenn die kleinen Forscher nicht weiterkommen. Erklären Sie den Kindern, welche Materialien und Werkzeuge Sie gemeinsam benutzen und wie man sie richtig einsetzt.
- Schaffen Sie eine geordnete Umgebung. Es sollen nur die Materialien und Werkzeuge bereitliegen, die für den Versuch tatsächlich notwendig sind.
- Wir empfehlen, die Kinder aus Sicherheitsgründen beim Experimentieren nicht allein zu lassen. Die in diesem Buch dargestellten Experimente sich zwar ungefährlich, aber durch unsachgemäße Handhabung von Werkzeugen und Materialien können immer Unfälle geschehen. Beachten Sie die Sicherheitshinweise im Text!
- Wiederholen Sie die Versuche, wenn das Kind es wünscht. Damit verinnerlicht es das Neue viel besser, gewinnt Sicherheit und schafft sich dadurch immer wieder neue Erfolgserlebnisse.

Viel Spaß
euer Joachim Lerch
Science House

Lesenacht in opas Garten

Sommerferien! Timo und seine Schwester Albertina waren für zwei herrlich lange Wochen zu Besuch bei Opa. Dabei wohnte Opa Heinrich nur ein paar Straßen weiter. Trotzdem hatten sich  Timo und Albertina gewünscht, richtig bei ihm Urlaub machen zu dürfen, statt mit Mama und Papa in den Süden zu fahren. Das lag daran, dass Opa einfach der weltnetteste Opa war. Außerdem hatte er einen riesigen Garten und nichts dagegen, dass Schnuppe, Albertinas bester Freund, der eigentlich Jonas hieß, auch mit dabei war. Es war fast so, als ob Opa Heinrich auch Schnuppes Opa wäre: Opa sagte Schnuppe statt Jonas, und Schnuppe sagte Opa statt Herr Hartriegel. Aber das Allerbeste an Opa Heinrich war, dass er niemals solche Sachen sagte wie: „Dazu haben wir jetzt wirklich keine Zeit, los, beeilt euch, wir müssen den Bus kriegen." Oder: „Ihr immer mit euren Ideen! Putzt euch erst mal die Zähne."

Denn Ideen hatten Timo, Albertina und Schnuppe wirklich immer reichlich. Und wenn ihnen die Ideen ausgingen, fiel bestimmt Opa etwas ein. Die Idee zu einer Lesenacht im Garten stammte zum Beispiel von Opa. Er hatte im Keller sein altes Zelt gefunden und überlegt, was er damit wohl noch anstellen könnte. Die Kinder brauchte er nicht lange zu einer Zeltübernachtung im Garten zu überreden, sie waren sofort Feuer und Flamme.

Sie schleppten ihre Schlafsäcke, jede Menge Bücher und Taschenlampen zum Zelt. „Sollen wir mit der Gruselgeschichte anfangen?", fragte Timo und zeigte auf ein Buch mit einem Gespenst auf dem Umschlag. Aber die anderen fanden, dass es für Gruselgeschichten wenigstens ein bisschen dunkel sein musste. Das war es aber noch nicht. Opa, Timo und

Schnuppe hatten sich schon fast auf das Weltraumbuch geeinigt, als Albertina eine Frage in den Sinn kam. Mama sagte immer: „Albertina ist mal wieder eine Frage eingeschossen, holt das Lexikon!" Diesmal war die Frage: „Opa, wieso gibt es eigentlich Tag und Nacht auf der Erde?" Während Opa noch überlegte, wie er das am besten erklären könnte, kam ihm Schnuppe mit der Antwort zuvor: „Weil sich die Erde um sich selbst dreht, sind wir mal auf der Seite der Sonne – das ist Tag. Dann drehen wir uns weg von der Sonne, und es wird Nacht. Aber in Australien ist es Tag, weil das auf der anderen Seite der Erdkugel liegt."

Opa nickte begeistert. Timo und Albertina hatten allerdings nur Bahnhof verstanden, das konnte Schnuppe an ihren Gesichtern sehen. Deshalb holte er sie in Opas Wohnzimmer, um ihnen ein Experiment zu zeigen, das er in der Schule gemacht hatte. Er brauchte Opas alte Stehlampe und einen Ball. Darauf klebte er ein Spielzeugmännchen. So konnte er ihnen zeigen, wie es in den Teilen der Erde, die sich von der Sonne wegdrehen, Nacht wird und dafür in den von der Sonne beschienenen Teilen Tag. Albertina drehte selbst noch einmal den Erdball mit dem Spielzeugmännchen, wie sie es bei Schnuppe gesehen hatte. „Klar", rief sie dann, „jetzt habe ich das verstanden." „Ich versteh' nur, dass es draußen jetzt wirklich dunkel geworden ist und unsere Geschichten im Zelt warten", sagte Timo und flitzte vor den anderen her zum Zelt.

Die Erde

Frage:
Warum gibt es Tag und Nacht?

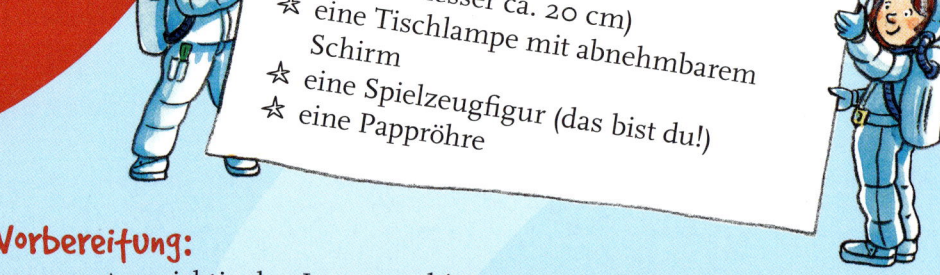

Das brauchst du:

✮ einen einfachen Ball (Durchmesser ca. 20 cm)
✮ eine Tischlampe mit abnehmbarem Schirm
✮ eine Spielzeugfigur (das bist du!)
✮ eine Pappröhre

Zur Vorbereitung:

Entferne zuerst vorsichtig den Lampenschirm.
Achtung! Die Glühlampe könnte noch heiß sein!
Die Glühlampe ist nun deine „Sonne".
Klebe die Spielzeugfigur mit einem Klebestreifen auf die „Erde".
Die Pappröhre so absägen oder abschneiden, dass die Erde und die Sonne etwa auf gleicher Höhe sind.

Nun geht's los:

Stelle die Erde einen großen Schritt entfernt von der Sonne auf.
Nun drehe die Pappröhre mit der Erde langsam auf der Stelle.
Beachte die Drehrichtung!
Beobachte, was mit der Figur passiert.
Vorsicht! Wenn die Glühlampe längere Zeit eingeschaltet ist, wird sie sehr heiß! Verbrennungsgefahr!

Erklärung:

Die Erde dreht sich jeden Tag einmal um die eigene Achse, und du bewegst dich mit ihr. Am Abend kommst du im Schatten der Erde an, und es wird Nacht. Auf der anderen Seite der Erde angekommen, siehst du wieder das Licht der Sonne. Jetzt ist Sonnenaufgang für dich.

Brötchensonne

Als Albertina am nächsten Morgen im Zelt aufwachte, wurde ihr klar, dass dies ein wunderbarer Ferientag mit Opa sein würde. Mit einem glücklichen Gefühl im Bauch krabbelte sie aus dem Schlafsack und stieg vorsichtig über Schnuppe und Timo, die noch fest schliefen. Sie lief ins Haus und war sicher, dass Opa schon wach war. Opa stand nämlich immer als Erster auf. Aus der Küche roch es lecker nach frischen Brötchen. „Morgen, mein Mädchen", begrüßte Opa Heinrich sie und legte die Zeitung weg. „Na, hast du gut geschlafen in meinem alten Zelt?" Albertina nickte begeistert und berichtete Opa von ihrem Traum, in dem sie wie eine Hexe auf einem Besen geflogen war. Opa lachte und erzählte, dass er früher immer geträumt hatte, er wäre Astronaut und würde zum Mond fliegen. „Das Gemeine war aber, dass es nie geklappt hat. Bevor ich in die Rakete einsteigen konnte, bin ich immer aufgewacht."

Timo kam ganz verstrubbelt und verschlafen in die Küche und kuschelte sich auf Opas Schoß. Er hatte nur gehört, dass Opa zum Mond wollte, und machte sich Sorgen: „Opa, das ist im Moment aber zu gefährlich. Ich hab' gestern Nacht in den Himmel geguckt und gesehen, dass der Mond ganz dünn ist. Da fällst du doch runter. Warte lieber mit der Landung, bis Vollmond ist. Dann gibt es genug Platz für dich und deine Rakete." Opa fand es nett, dass sich Timo Sorgen um ihn machte, aber Albertina konnte kaum fassen, wie doof ihr kleiner Bruder mal wieder war. „Der Mond ist doch immer gleich rund", erklärte sie genervt, „du siehst nur nicht immer alles von ihm." Timo war beleidigt, und Opa verteidigte ihn: „Du hast zwar recht, Albertina, aber woher soll Timo das wissen? Von hier unten sieht es doch wirklich so aus, als ob der Mond mal nur eine schmale Sichel, mal ein halber Kreis und mal eine riesige runde Kugel ist."

Opa nahm sich drei Brötchen aus dem Brotkorb und versuchte Timo damit zu zeigen, wie sich der Mond um die Erde und die Erde um die Sonne dreht, verhedderte sich aber hoffnungslos, weil zwei Hände für drei Brötchen einfach zu wenig sind. Eins gab er an Albertina weiter und bat sie, es zu halten. „Also, Albertinas Brötchen ist die Sonne. Mein Brötchen ist die Erde und kreist um die Sonne. Um die Erde kreist aber noch ein Brötchen – ach Quatsch, natürlich kein Brötchen, sondern der Mond." Opa versuchte gerade unter großen Schwierigkeiten, sein zweites Brötchen um das erste kreisen zu lassen, als Schnuppe in die Küche kam und fragte: „Was gibt das denn hier? Brötchenweitwurf oder was?" Alle kicherten, und Opa erklärte, was er vorhatte. Schnuppe überlegte kurz und sagte dann, dass sie doch den Lampenaufbau von gestern nehmen könnten, um zu gucken, wie das mit dem Mond funktioniert. „Sonnenlampe und Erdball haben wir doch noch. Zusätzlich brauchen wir eigentlich nur einen Mond." „Dafür nehmen wir einen Tischtennisball", schlug Opa vor. „Das passt gut, denn der Mond ist viel kleiner als die Erde." Albertina sprang auf und rannte sofort zur Tischtennisplatte vor der Garage. „Ich will aber noch frühstücken, bevor wir wieder experimentieren", protestierte Timo. Opa wollte das auch gerade vorschlagen. Deshalb verputzten die Kinder erst mal Sonnen-, Mond- und Erdbrötchen mit Marmelade und Salami, bevor sie ins Wohnzimmer gingen, wo der Lampenaufbau von gestern auf sie wartete. Geschickt ließ Albertina den Tischtennisball um die Erde kreisen, während Schnuppe die Erde um die Sonne drehte.

Sonne, Mond und Sterne

Frage:

Wann macht der Mond eine Schlankheitskur?

Das brauchst du:

✭ einen einfachen Ball oder einen aufblasbaren Globus (Durchmesser ca. 20-27 cm) auf einer Pappröhre für die Erde

✭ einen kleinen Ball mit ca. 7 cm auf einer Vase oder einem Kerzenständer für den Mond

✭ eine Tischlampe mit abnehmbarem Schirm

✭ eine Spielzeugfigur (das bist du!)

Zur Vorbereitung:

Stelle die Erde zwei oder drei Schritte von der Sonne (Glühlampe) entfernt auf. Mit einer Pappröhre wird die Erde etwa auf die gleiche Höhe gebracht (wie auf Seite 12).

Dein Mond wird nun auf einen Kerzenständer oder eine Vase gesetzt und in der Nähe der Erde aufgestellt. Er muss etwas höher stehen als die Erde.

Befestige die Spielfigur (das bist du) mit einem Klebestreifen auf der Erde.

Nun geht's los:

Der Mond bewegt sich im Kreis um die Erde herum. Für eine Umrundung braucht er etwa 27 Tage (fast einen Monat). Wenn der Mond bei der 1 angekommen ist, blicke der Spielfigur über die Schulter. Was siehst du? Nun geht es weiter im Kreis. Der Mond bewegt sich zur 2.
Was kann man jetzt von der Figur aus sehen?
Dann geht es weiter zu 3 und 4.

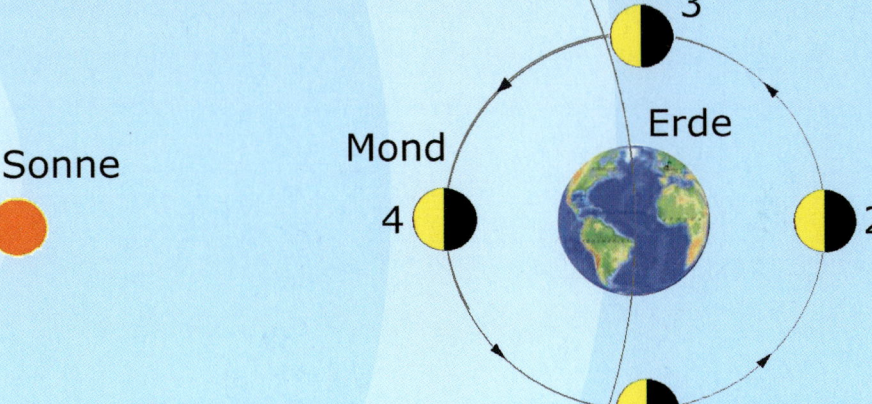

Erklärung:

Das Experiment zeigt, dass eine Hälfte des Mondes immer von der Sonne angestrahlt wird, die andere Seite liegt im Schatten und ist für uns nicht sichtbar. Weil der Mond sich um die Erde dreht, sehen wir ihn also immer aus einer anderen Richtung.

Die Mondphasen

Hier kannst du noch einmal sehen, wie wir den Mond von der Erde aus wahrnehmen.

Wenn der Mond zwischen Erde und Sonne steht, blicken wir nur auf die Schattenseite des Mondes und können ihn daher nicht sehen.

Nach wenigen Tagen jedoch können wir schon einen schmalen Streifen seiner hellen Seite erkennen. Wo steht die Sonne jetzt?

Wenn der Mond bei 1 (siehe Seite 16) angekommen ist, sehen wir genau die Hälfe. Die andere Hälfte liegt noch im Schatten.

Bei 2 haben wir Vollmond.
Nun hat der Mond eine
kreisrunde Form. Du siehst
jetzt die ganze angestrahlte
Seite. Die Rückseite ist jetzt
dunkel. Kannst du dir den-
ken, wo die Sonne jetzt ist?

Nach einigen Tagen ist der
Mond bei 3 angekommen
und zeigt uns seine andere
Hälfte erleuchtet.

Hier ist nur noch eine
schmale Sichel zu sehen.
Der größte Teil der uns zu-
gewandten Mondhälfte liegt
im Schatten. Jetzt dauert es
nicht mehr lange, und der
Mond ist gar nicht mehr zu
sehen, weil das Licht der
Sonne auf der anderen Seite
des Mondes ankommt. Das
nennt man Neumond.

Opa Heinrich wird umgetauft

Als Albertina, Schnuppe, Timo und Opa mit ihrem Mondexperiment fertig waren, merkten sie, dass es angefangen hatte zu regnen. „Da müssen wir uns heute wohl drinnen beschäftigen", meinte Opa. Als er die enttäuschten Gesichter sah, fügte er hinzu: „Wir können ja etwas spielen, und zum Mittagessen gibt's Pizza, was meint ihr?" „Super, Opa!", rief Timo. Nur Albertina guckte missmutig. „Magst du auf einmal keine Pizza mehr, mein Mädchen?", fragte Opa besorgt. „Doch, Pizza Margherita ist schließlich mein Lieblingsessen, Opa", sagte Albertina, „daran liegt's nicht. Ich finde Spielen einfach blöd. Lass uns lieber etwas basteln." Sofort kam Protestgeheul von Timo, der nichts langweiliger fand als basteln. „Nur weil du nicht mal ein Ministück gerade schneiden kannst", meckerte Albertina und Timo meckerte sofort zurück: „Dafür kannst du nicht verlieren. Deshalb will Albertina nämlich nie spielen, Opa, weil sie immer nur gewinnen will." „Stimmt überhaupt nicht", brüllte Albertina. Schnuppe, der gerade vom Klo zurückkam, fragte erstaunt: „Was ist denn hier los?" Bevor sich die beiden Streithähne weiter anschreien konnten, ging Opa dazwischen. „Was haltet ihr davon, wenn wir beides in einem machen: Erst basteln wir uns ein Spiel, und dann spielen wir damit." Opa erzählte, dass er gestern in der Zeitung eine tolle Idee gefunden hatte: ein Memory zum Selbermachen mit Bildern, die man sich aussuchen kann. Opas Vorschlag kam bei den Kindern gut an, und schon überschlugen sich alle mit Ideen für die Bilder. Schnuppe hatte am Schluss die beste Idee: „Wenn wir uns schon mit der Sonne, der Erde, dem Mond und so beschäftigen, können wir doch mal Bilder von allen Planeten aus unserem Sonnensystem raussuchen und damit Memory spielen." „Planeten finde ich toll", meinte Timo, „ich will ja mal Astronaut werden, und Opa darf dann mit." Albertina fragte Opa: „Bitte, Opa, dürfen wir die Planetenbilder im Internet suchen und ausdrucken?" Opa erlaubte es, weil Schnuppe und Albertina sich gut mit dem Computer auskannten.

Nach einer Stunde kamen die Kinder zu Opa in die Küche zurück und hatten einen Stapel bedrucktes Papier dabei. Sie legten die doppelten Bilder von Sonne, Merkur, Venus, Erde, Mars, Jupiter, Saturn, Uranus und Neptun auf den Tisch. „Die sehen ja alle total unterschiedlich aus", sagte Opa und schaute sich die Bilder lange an. „Ihr habt aber Pluto vergessen." Schnuppe meinte, dass das nicht sein könne, und ging noch mal im Internet nachschauen, während die anderen schon anfingen, die Planetenbilder auszuschneiden und auf Kärtchen zu kleben. Als Schnuppe zurückkam, rief er: „Stimmt und stimmt nicht, Opa. Der Pluto wurde nur bis 2006 zu den Planeten gerechnet. Heute nicht mehr. Jetzt gilt er nur noch als Zwergplanet und hat eine Kleinplaneten-Nummer bekommen: die 134340." Opa brummelte irgendetwas von: „Dein Gedächtnis möchte ich auch noch mal haben." Dann stutzte er und bat Schnuppe, die Nummer zu wiederholen. „Eins, drei, vier, drei, vier, null", antwortete Schnuppe wie aus der Pistole geschossen. Opa lachte laut los: „Das ist ja meine Telefonnummer. Der Pluto hat meine Telefonnummer! Das glaub' ich nicht." Genau in dem Moment klingelte es an der Tür. „Das Pizzataxi ist da, Opa Pluto", prustete Albertina, und auf Opas neuen Namen stießen die vier dann bei einer Riesenportion Pizza Margherita mit Apfelschorle an.

Sonne, Mond und Sterne

Spiel:
Planeten-Memory

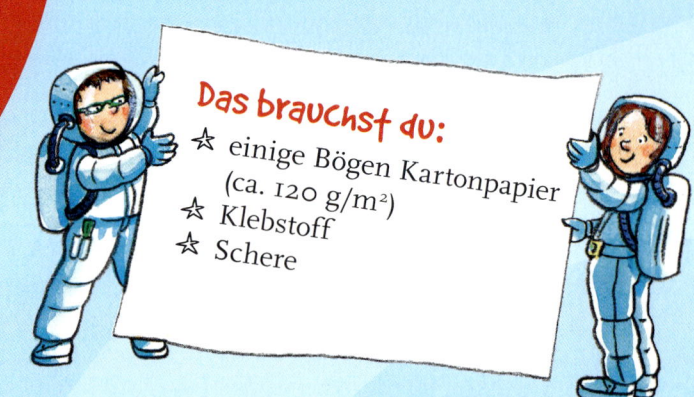

Das brauchst du:
- ☆ einige Bögen Kartonpapier (ca. 120 g/m²)
- ☆ Klebstoff
- ☆ Schere

Zur Vorbereitung:

Auf den nächsten beiden Seiten findest du Bilder der Planeten mit interessanten Informationen. Die Bilder der Sonne und der Planeten kannst du zweimal auf einem Farbkopierer kopieren. Schneide die Bilder dann grob aus und klebe sie anschließend auf das Kartonpapier. Schneide nun die Memory-Karten sorgfältig aus.

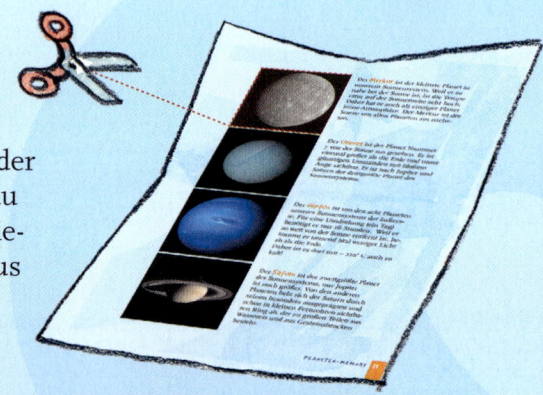

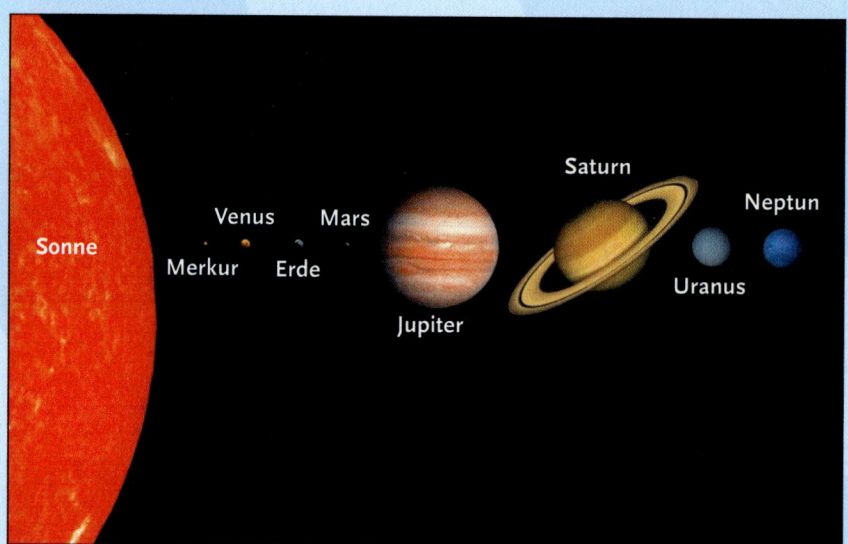

Zusatzinfo:

Der **Pluto** gilt seit 2006 nicht mehr als Planet, sondern nur noch als Zwergplanet. Er ist daher in dieser Aufstellung nicht mehr berücksichtigt worden.

Nun geht's los:

Lege für das Memory-Spiel alle 18 Karten mit dem Foto nach unten auf den Tisch. Wer beginnt, darf zwei Karten umdrehen. Wenn die Karten das gleiche Bild zeigen, darfst du sie zu dir nehmen. Wenn nicht, merke dir genau, was zu sehen ist und wo die Karten liegen.

Gewonnen hat, wer die meisten Kartenpaare gesammelt hat. Aber Memory kennst du vermutlich schon!

Besonders clever ist der, der sich auch die Namen der Planeten merken kann! Sprecht nach dem Spiel doch mal darüber
- wie die Planeten aussehen
- welche von ihnen eine Atmosphäre haben und welche nicht
- wie lange die Planeten für eine Umdrehung brauchen

Und wenn Fragen auftauchen, die ihr allein nicht beantworten könnt, schaut doch mal im Lexikon oder Internet nach.

Das Sonnensystem
Die Sonne und ihre Planeten

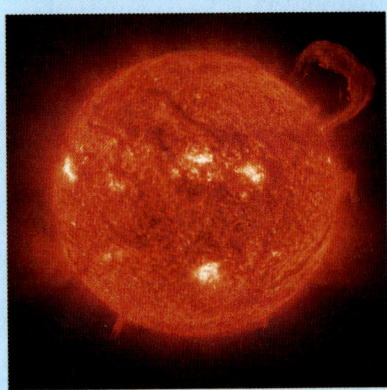

Die **Sonne** steht im Mittelpunkt unseres Planetensystems, das daher als Sonnensystem bezeichnet wird. Alle Planeten kreisen um die Sonne. Ohne ihr Licht würde es auf der Erde kein Leben geben. Die Sonne ist mehr als 100-mal größer als die Erde und etwa 150 Millionen km von ihr entfernt.

Sonne, Mond und Sterne

Spiel:
Planeten-Memory

Die **Venus** ist der Planet, dessen Umlaufbahn den kürzesten Abstand zur Erde hat. Sie ist fast genauso groß wie die Erde. Die Venus ist der hellste Planet am Sternenhimmel.

Die **Erde** ist etwa 4,6 Milliarden Jahre alt und der einzige bewohnte Planet, soweit das bis jetzt bekannt ist. Die Erde dreht sich nach Osten, in etwa 24 Stunden einmal um ihre eigene Achse.

Der **Mars** ist der Erde sehr ähnlich. Wegen seiner roten Farbe wird er auch als der Rote Planet bezeichnet. In ca. 30 Jahren möchte die NASA zum ersten Mal mit Menschen dort landen.

Der **Jupiter** ist der größte Planet des Sonnensystems. Als einer der hellsten Planeten am Sternenhimmel ist er nach dem römischen Gott Jupiter benannt. Er ist nachts von der Erde aus mit bloßem Auge zu erkennen. Trotz seiner enormen Größe ist Jupiter in unserem Sonnensystem der Planet, der sich am schnellsten dreht. Ein Tag ist dort nur 10 Stunden lang.

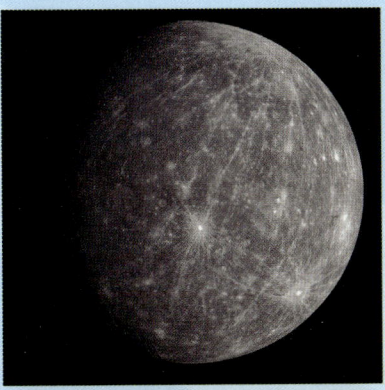

Der **Merkur** ist der kleinste Planet in unserem Sonnensystem. Er hat von allen Planeten den kürzesten Abstand zur Sonne. Weil er so nahe bei der Sonne steht, ist die Temperatur auf der Sonnenseite sehr hoch. Daher hat er auch als einziger Planet keine Atmosphäre.

Der **Uranus** ist viermal größer als die Erde und unter günstigen Umständen mit bloßem Auge sichtbar. Er ist nach Jupiter und Saturn der drittgrößte Planet des Sonnensystems.

Der **Neptun** ist von den acht Planeten unseres Sonnensystems der äußerste. Für eine Umdrehung benötigt er nur 16 Stunden. Weil er so weit von der Sonne entfernt ist, bekommt er 1000-mal weniger Licht ab als die Erde. Daher ist es dort mit – 210° C auch sehr kalt!

Der **Saturn** ist der zweitgrößte Planet des Sonnensystems – nur Jupiter ist noch größer. Von den anderen Planeten hebt sich der Saturn durch seinen besonders ausgeprägten und schon in kleinen Fernrohren sichtbaren Ring ab, der zu großen Teilen aus Wassereis und aus Gesteinsbrocken besteht. Diese Brocken kreisen um den Planeten.

Schlechte Laune
in der Umlaufbahn

Albertina kämpfte mit ihrer schlechten Laune. Wie immer lag natürlich bei Timo der höchste Stapel Memorykarten. Darin war er einfach unschlagbar. Und auch Schnuppe hatte mehr Karten gesammelt als sie. Es stimmte schon, was ihr kleiner Bruder gerne herausposaunte: Verlieren konnte sie wirklich nicht gut.

Die Kinder hatten das Planetenmemory noch um Kärtchen mit Bildern von Astronauten, dem Mond und den Sternbildern erweitert und eine große, leere Pralinenschachtel von Opa damit gefüllt. Auf die hatte Albertina in ihrer schönsten Schreibschrift „Sonne, Planeten und Sterne" geschrieben. Jetzt machten sie den Deckel zu und überlegten, was sie als Nächstes anstellen sollten, denn es regnete immer noch. Gelangweilt schnappte sich Schnuppe den letzten Apfel aus Opas flacher Obstschale und biss hinein. „Hättest ja mal fragen können, ob noch jemand etwas haben will", nörgel-

te Albertina. „Ist noch eine Zitrone da, nimm die doch", grinste Schnuppe zurück. „Oder willst du in die Murmeln da reinbeißen?" Opa Pluto mischte sich ein: „Nee, das lass mal lieber", bat er Albertina, „ich finde, du hattest schon genug Zahnlücken. Wie kommen

eigentlich die Murmeln in meine Obst-
schale?" Opa guckte Timo mit hoch-
gezogenen Augenbrauen an. Timo
wurde rot. Vor ein paar Tagen
hatte er die Murmeln schnell
zwischen Bananen und Äpfeln
in der Obstschale verschwin-
den lassen, als er sie eigentlich
in die Kiste mit den Bauteilen für
die große Kugelbahn wegräumen
sollte. „Keine Ahnung", nuschelte
er, nahm eine Murmel und stupste sie verlegen in der Obstschale
an. Sie begann zu kreisen, und
alle starrten fasziniert auf
ihre Laufbahn. „Ist ja toll",
meinte Schnuppe und ließ
noch eine zweite Kugel am
Schalenrand um die Zit-
rone kreisen. Opa beug-
te sich über den Tisch: „So
kreisen auch die Planeten um die Sonne. In ihrer Umlaufbahn,
meine ich natürlich." Timo guckte ihn fragend an. „Die Zitrone
ist die Sonne", erklärte Opa, „und die Murmeln sind die Planeten,
die in festen Umlaufbahnen um die Sonne kreisen. Die Erde zum
Beispiel braucht genau ein Jahr dafür." Schnuppe meldete sich
zu Wort: „Und der Mars fast zwei Jahre. Das hab' ich gefunden,
als ich die Marsbilder fürs Memory rausgesucht habe." „Dann ist
der Mars die rote Murmel und die Erde die blaue", sagte Albertina
und schubste noch mal beide Murmeln an, damit sie um die Son-
nenzitrone kreisen konnten. „Also, die röteste Murmel war Timos
Gesicht, als ich ihn gefragt habe, wie denn die Murmeln in die
Obstschale gekommen sind", sagte Opa und legte Timo lachend
die Hand auf die Schulter. Timo konnte genau spüren, dass Opa
nicht wirklich sauer auf ihn war.

Die Erde

Frage:
Warum ist ein Jahr ein Jahr?

Das brauchst du:

- ☆ einen einfachen Ball (Durchmesser ca. 20 cm)
- ☆ eine Tischlampe mit abnehmbarem Schirm
- ☆ eine Spielzeugfigur (das bist du!)
- ☆ eine Pappröhre
- ☆ etwas Klebestreifen

Zur Vorbereitung:

Entferne zuerst vorsichtig den Lampenschirm. Achtung! Die Glühlampe könnte noch heiß sein! Die Glühlampe ist nun deine „Sonne". Klebe die Spielzeugfigur mit einem Klebestreifen auf die „Erde". Die Pappröhre so absägen oder abschneiden, dass die Erde und die Sonne etwa auf gleicher Höhe sind.

Nun geht's los:

Stelle die Erde einen großen Schritt entfernt von der Sonne auf. Nun bewege die Pappröhre mit der Erde langsam im Kreis um die Sonne herum.

Erklärung:

Wenn die Erde einmal um die Sonne im Kreis gelaufen ist, ist genau ein Jahr vergangen.

Wie wir gerade gesehen haben, kreist die Erde, wie die anderen Planeten (Mars, Merkur, Venus, Jupiter, usw...) um die Sonne.
Diese Planetenbahnen kannst du nachbauen.

Das brauchst du:

* eine flache Schale aus Holz oder Keramik (ca. 30–40 cm Durchmesser), die innen eine gleichmäßige Rundung aufweist
* einen kleinen Ball (ca. 7 cm Durchmesser)
* einige Glasmurmeln

Hinweis: Wenn man keine solche Schale hat, kann man auch eine Nylonstrumpfhose über einen Eimer spannen und mit Klebeband befestigen.

Zur Vorbereitung:

Lege den Ball in die Mitte der Schale.
Das ist jetzt deine kleine Sonne.

Nun geht's los:

Nimm eine oder mehrere Glasmurmeln und schubse sie an, sodass sie um die Sonne herumlaufen. Was geschieht mit den Kugeln? Sind die Bahnen wirklich genau kreisrund?

Erklärung:

Die Planeten bewegen sich auf ovalen (elliptischen) Bahnen um die Sonne. Die Erde benötigt genau ein Jahr für einen Umlauf. Würden die Planeten dabei langsamer werden, würden sie wegen der gegenseitigen Anziehungskraft immer näher an die Sonne herankommen.

Der Weltraumklub ESA wird gegründet

Opa und die Kinder waren jetzt ununterbrochen mit dem Weltall und Mondflügen beschäftigt. Also schlug Albertina Opa, Schnuppe und Timo vor, einen Klub zu gründen: einen Weltraumklub. Alle fanden die Idee super und machten sich auf die Suche nach einem passenden Namen. Denn was ein Klub zuallererst braucht, ist ein toller Name. Opa schlug natürlich Pluto vor. Aber das fanden Schnuppe und Albertina nicht gut, weil Opa jetzt selber schon so hieß und es dann klänge, als ob es allein Opas Klub wäre. Timo wollte was mit Astronauten im Namen. Aber angenommen wurde dann Albertinas Vorschlag, auf den sie ziemlich stolz war: „Erdenbürger auf Sternen-Abenteuer". Auf Erdenbürger war Albertina gekommen, weil Oma Hannah nach der Geburt von Albertinas kleinem Cousin ganz entzückt gerufen hatte: „Oh, ein neuer Erdenbürger, wie schön!" Opa lachte ziemlich laut, als er merkte, dass die Abkürzung von Erdenbürger auf Sternen-Abenteuer „ESA" ist, weil das auch der Name von einem echten Erwachsenen-Weltraumklub war. „Die Europäische Weltraumorganisation heißt so", erklärte er. „Auf Englisch, die European Space Agency, kurz ESA."

„Als Mitglieder eines Weltraumklubs sollten wir mal gucken, wie ein Raumschiff eigentlich aussieht", fand Opa außerdem. Da hatte er natürlich recht. Deshalb suchten die ESA-Mitglieder als erste gemeinsame Klub-Handlung im Internet nach Bildern von Raumschiffen. Eins hieß Apollo und gefiel den Kindern besonders

gut. Ausgerechnet Timo, der Bastelhasser, schlug vor, die Apollo
nachzubauen. Die Klubmitglieder saßen in der Küche und überlegten, wie sie das anstellen könnten, als Schnuppes Blick
auf Opas Einkaufstasche mit den leeren Pfandflaschen
fiel. „Ich hab's", rief er, „wir brauchen eigentlich nur zwei
große Plastikflaschen und Silberpapier." „Da nehmen wir
Alufolie", sagte Opa und war wie immer hellauf begeistert, wenn's ums Selbermachen ging. Opa musste die
Plastikflaschen mit Schere und Messer bearbeiten, die
Kinder klebten die Teile zusammen und verkleideten sie
mit Alufolie. Am Schluss stand ein großartiges, silbrig
glänzendes Raumschiff mit einer Pappspitze auf Opa
Plutos Küchentisch.

   „Können wir nicht so eine Rakete in groß bauen
und tatsächlich losfliegen?", fragte Timo. „Au ja", rief
Albertina, aber Schnuppe lachte die beiden aus und
sagte, dass das wohl eher was für den Erwachsenen-Weltraumklub sei. Da unterbrach plötzlich eine merkwürdige fremde Stimme die
Diskussion: „Hier liegt eine großartige
Idee vor, die unzweifelhaft in die Tat um-
gesetzt werden sollte."

   Alle starrten überrascht zur Tür,
wo ein kleiner silberner Kasten auf
Rollen stand, der fröhlich
mit zwei Metallärmchen
winkte und abwechselnd
rote und grüne Lichter
blinken ließ.

Weltall

Frage:

Wie baut man ein Raumschiff?

Raumschiffe, die um die Erde oder zu anderen Planeten fliegen, sind generell nach folgendem Schema gebaut:

1. In einer Kabine müssen Astronauten Luft und eine gut verträgliche Temperatur haben.

2. Die Raumschiffhülle sorgt dafür, dass die Astronauten nicht zu viel Strahlung abbekommen.

3. Ein Raumschiff benötigt eine Energieversorgung, damit die Astronauten Strom für ihre Geräte und Experimente bekommen. Das geschieht meistens mit Solarzellen, die mit Sonnenlicht Strom erzeugen können.

4. Wenn Raumschiffe schneller oder langsamer werden müssen, muss man mit Raketentriebwerken Schub erzeugen.

Ariane 5

Sonde Ulysses
(ESA-Sonde zur Erforschung der Sonne)

Apollo 15

Hier kannst du dir das Modell eines Raumschiffs selbst bauen!

Das brauchst du:

- ✶ zwei dünnwandige Plastikflaschen (PET)
- ✶ ein Blatt dünnen Karton (farbig, DIN A4) für die Raketenspitze
- ✶ eine kräftige Schere
- ✶ etwas Aluminiumfolie
- ✶ Klebestreifen und Klebstoff

Nun geht's los:

Zuerst kommt die Raketendüse dran:
Schneide mit einer guten Schere von der einen
Plastikflasche vorsichtig den oberen Teil ab.
Schneide dir nicht in die Finger!

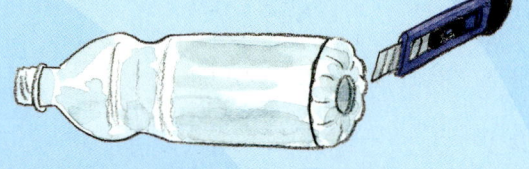

In der zweiten Flasche wird im
Boden ein Loch benötigt. Hier
sollten dir deine Eltern helfen.

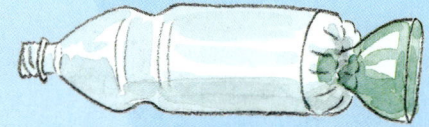

Nun kannst du die Düse mit
etwas Kleber in den Raketenrumpf einkleben.

Aus dem dünnen Karton schneidest du einen Kreis aus und formst
eine Raketenspitze daraus. Mit Klebestreifen wird die Spitze befestigt.

Du kannst nun die Rakete mit etwas
Aluminiumfolie bekleben und mit
Fäden vielleicht an der Decke befesti-
gen. Im roten Teil sind die Astronau-
ten untergebracht. Der grüne Teil des
Raumschiffs ist das Raketentriebwerk.

Gestatten, Armstrong

„Gestatten, Armstrong, Weltraum-Spezial-Konstruktionsroboter der ESAFKI", stellte sich der kleine, blinkende Kasten vor und rollte auf die Kinder und Opa zu. Die starrten ihm mit offenem Mund entgegen. Schnuppe fand als Erster die Sprache wieder: „ESAFKI? Was heißt das denn?" Freundlich erklärte der Weltraumspezialroboter mit einer schnarrenden Stimme: „Experimente und Spaß-Agentur für Kinder. Wir stehen im Dienste von Wissenschaft und Forschung. Das heißt", fügte er grün blinkend hinzu, „wir helfen Kindern beim Durchführen ihrer Ideen. Und ich muss sagen, hier waren so viele Ideen – eine ganz außergewöhnlich hohe Ideendichte –, da musste einfach einer von uns herkommen. Hier bin ich also: Armstrong, Spezial-Experimente-und-Spaß-Agent mit dem Zuständigkeitsbereich Weltraum."

Opa Pluto sah ein bisschen verwirrt aus, begrüßte den Kasten auf Rädern aber freundlich, wie es seine Art war: „Ja dann – willkommen in meiner Küche, Herr Armstrong. Sie sind nicht zufällig verwandt mit dem berühmten Neil Armstrong, Sie wissen schon, der erste Mensch, der je einen Fuß auf den Mond gesetzt hat?"

Bläulich blinkend erwiderte Herr Armstrong: „Mein lieber Herr Pluto, ich muss vermuten, Sie haben Sternenstaub in den Augen. Als Maschine bin ich natürlich mit keinem menschlichen Wesen verwandt. Allerdings haben mir meine Konstrukteure die Ehre erwiesen, mich nach eben jenem Astronauten zu benennen."

Aufgeregt scharten sich die Kinder und Opa um Herrn Armstrong, der alle ihre Fragen geduldig und in bläuliches Licht getaucht beantwortete. „Du hilfst uns also wirklich, ins All zu fliegen?", fragte Timo glücklich und hüpfte vor Freude in Opa Plutos Küche herum. „Exakt!", antwortete Herr Armstrong und sah, soweit man es seinem Robotergesicht ansehen konnte, hochzufrieden aus. „Ist das denn nicht etwas gefährlich, Herr Armstrong?", wandte Opa ein. „Papperlapappschnickschnack", entgegnete Herr Armstrong ein bisschen beleidigt, „Ich bin Spezialagent der ESA,

und mein Spezialgebiet sind nicht umsonst Weltraum-
konstruktionen, Herr Pluto." Herr Armstrong rollte
aus der Küche und winkte Opa und den Kindern,
ihm zu folgen. Im verregneten Garten bog er um
die Ecke hinters Haus ab. Die Kinder rannten
hinter ihm her und kamen vor einer riesigen Rakete zum Stehen, die im Schutz der
höchsten Tanne aufgebaut war. „Bitte-
schön, werter Herr Pluto", wandte sich
Armstrong an Opa, der endlich auch
angekommen war. „Dies ist die gewünschte Spezial-Sicherheitsra-
kete." Fassungslos umkreisten
die vier die wunderschöne Rakete und fragten sich, wann
sie wohl aus diesem Traum
aufwachen würden. „Kön-
nen wir mal reingehen?",
fragte Albertina beein-
druckt. Das, meinte Herr
Armstrong aber, sei noch
nicht möglich, der Innen-
ausbau würde noch etwas Zeit in Anspruch nehmen. Schnuppe
war noch nicht überzeugt: „Aber Herr Armstrong, wie sollen wir
denn mit der Rakete abheben und bis ins All fliegen? Ich meine,
wir brauchen doch ganz schön viel Schwung, um hochzukom-
men, oder?"

Herr Armstrong blinkte rötlich und sagte: „Gute Frage, lieber
Herr Schnuppe, aber keine Sorge. Wir haben natürlich Treibstoff
an Bord und zum Abheben bedienen wir uns des Rückstoßprin-
zips." „Rückstoßprinzip?", wiederholte Schnuppe und sah aus wie
ein lebendes Fragezeichen. „Klar, Schnuppe, wie bei der Brause-
Rakete, die Opa mit uns letzten Sommer gebaut hat", sagte Albertina aufgeregt. „Die gebastelte Rakete mit dem Sprudeltabletten-
treibstoff, die echt abgehoben ist."

Frage:

Wie funktioniert eine Brauserakete?

Das brauchst du:

* eine Filmdose
* ein Blatt Papier (A4, farbig) für den Rumpf der Rakete
* ein Blatt Papier (A4, farbig) für die Flügel
* ein Blatt Papier (A4, farbig) für die Raketenspitze
* etwas Alleskleber und Klebefilm
* Brausetabletten

Zur Vorbereitung:

Beginne mit dem Raketenrumpf. Das große Blatt wird um die nach unten geöffnete Filmdose gewickelt. Damit das Papier gut befestigt ist, verwende ein Stück Klebefilm. Damit der Deckel der Filmdose wieder gut draufpasst, lass unten etwas Platz.

Nun kommt die Raketenspitze dran: Zeichne mit einem Stift und einem Glas einen Kreis auf das Papier. Schneide ihn aus und mache einen Schnitt vom Rand bis zum Mittelpunkt des Kreises. Mit einem zweiten Schnitt kannst du den überflüssigen Teil des Kreises entfernen. Mit dem roten Rest des Kreises kannst du nun einen Kegel herstellen. Probiere aus, wie groß er sein muss, damit er auf den Rumpf passt.

Klebe nun die Spitze auf den Raketenrumpf.
Die Rakete ist zwar schon fertig, du kannst aber gerne ein paar Flügel anbauen.

knicken

Nun geht's los:

Geh mit deiner Rakete nach draußen.
Gieße einen Esslöffel Wasser in die Filmdose. Verschließe sie und prüfe, ob auch kein Wasser ausfließen kann.
Nun öffne die Dose wieder und wirf eine halbe Brausetablette hinein. Nun muss es schnell gehen! Setze den Deckel der Filmdose wieder fest drauf und stelle die Rakete mit dem Deckel nach unten auf den Boden. Geh ein paar Schritte zurück und beobachte den Raketenstart.

Achtung! Bitte nicht von oben auf die Rakete blicken, sonst fliegt sie dir ins Auge!

Erklärung:

Wenn die Brausetablette mit dem Wasser in Kontakt kommt, bilden sich kleine Bläschen aus Kohlenstoffdioxid. Das Gas benötigt mehr Platz, sodass der Druck in der Filmdose ansteigt.
Am Anfang hält der Deckel den Druck noch aus, aber dann platzt er auf, und das Wasser wird nach unten weggeschleudert. Nach dem **Rückstoßprinzip** (siehe auch Seite 48) fliegt die Rakete in die genau entgegengesetzte Richtung los.

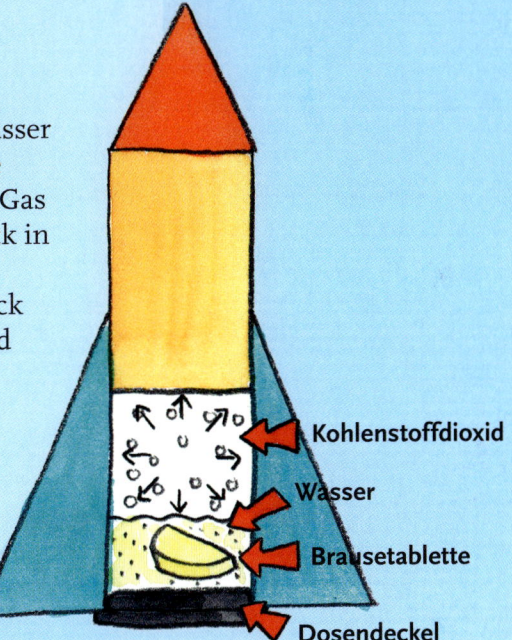

Kohlenstoffdioxid

Wasser

Brausetablette

Dosendeckel

Kollege Gagarin

In einer Reihe standen die vier vom ESA-Weltraumklub immer noch vor ihrer Rakete und starrten sie ungläubig an. Herr Armstrong, der sich eine Weile hinter dem Raumschiff zu schaffen

gemacht hatte, sauste plötzlich auf die Gruppe zu und kam erst kurz vor Schnuppe zum Stehen. Schnuppe machte erschrocken einen Satz nach hinten und stolperte über einen Holzklotz. „Bitte zu entschuldigen, werter Herr Schnuppe", schnarrte Herr Armstrong in bestürztem Tonfall. „Mein Kollege Gagarin wird morgen Raumanzüge für Sie alle herschicken, doch dafür muss ich noch einige Messungen durchführen." Herr Armstrong streckte den rechten Arm in Schnuppes Richtung aus, und ehe der sichs recht versah, wurde er von Kopf bis Fuß mit einem Laserstrahl abgetastet. Auf Herr Armstrongs Gesichtsmonitor erschienen in rascher Folge Zahlenkolonnen, und es piepte ununterbrochen. Dann waren Albertina und Opa dran. Erst bei Timo gab es Schwierigkeiten. Die Farbe des Laserstrahls wechselte von grün zu rot, und auf dem Monitor von Herrn Armstrong erschien das Bild eines anderen kleinen Roboters, der ununterbrochen seinen Kopf schüttelte und hektisch auf Herrn Armstrong einzureden schien. Herr Armstrong wiederholte die Lasermessung an Timo. „Dieser knallköpfige Gagarin", murmelte er erbost vor sich hin, „nur Stroh im Chip." Auf Opas vorsichtiges Nachfragen kam heraus, dass der Roboter-Kollege Gagarin eng mit Herrn Armstrong zusammenarbeitete. Offensichtlich waren die beiden aber selten einer Meinung. In diesem Fall fand Gagarin, dass Timo noch zu klein für eine Weltraummission sei. „Wenn Timo nicht darf, gehen wir alle nicht", sagte Albertina, „das können Sie Ihrem Herrn Gugarin ruhig ausrichten." „Gagarin! Nicht Gugarin. Gagarin wie der berühmte russische Kosmonaut", tönte es von Armstrongs Monitor. Gagarin war offensichtlich noch zugeschaltet. Armstrong sagte beruhigend: „Hören Sie gar nicht auf ihn, er ist ein bisschen übervorsichtig, besonders bei kleinen Kindern." Timo protestierte lautstark gegen die Bezeichnung kleines Kind, als eine Lautsprecherstimme verkündete: „Zentrale gibt Okay. Teilnahme Herr Timo, 6 Jahre, gestattet. Raumanzüge vier Personen Eintreffen in Kürze." Ruhe trat ein, bis Timo leise fragte: „Dann darf ich doch mit, Opa, oder?", und Opa Pluto nickte: „Wenn es ausreichend Schutz und Sauerstoff für dich gibt." Herr Armstrong wandte sich streng an Opa. „Herr Pluto, ALLE Astronauten müssen selbstredend ausreichend Sauerstoff mitnehmen, da menschliche Wesen, unabhängig von ihrem Alter, außerhalb der unteren Schichten der Erdatmosphäre nicht atmen können. Ich darf Sie bitten, für eine kleine Vorführung auf meinen Monitor zu blicken. Thema: Luft und Erdatmosphäre." Auf Herrn Armstrongs Monitor erschien die Erde als Kugel, und von oben schwebte eine kleine Münze heran. „So dünn wie diese Münze auf dem Erdball in meiner kleinen Demonstration ist die Erdatmosphäre, die das Leben auf der Erde überhaupt ermöglicht. Denn diese Schicht enthält die Luft, die Mensch und Tier zum Leben brauchen." „Sauerstoff ist da drin", rief Schnuppe, der es nie aushielt, etwas nicht zu sagen, was er wusste. Herr Armstrong nickte. Aber Albertina war nicht einverstanden: „Aber Luft ist doch nichts. Das sieht man doch. Ganz und gar durchsichtig, wie soll denn da was drin sein?" Auf Herrn Armstrongs Monitor erschien ein Versuchsaufbau. „Luft ist nicht nichts", sagte er, „und das werde ich Ihnen mit diesem kleinen Experiment beweisen."

Die Erde

Frage:

Wie dick ist unser Schutzmantel aus Luft?

Das brauchst du:

✮ einen einfachen Ball oder einen aufblasbaren Globus

✮ bei einem Ball mit 20 cm Durchmesser brauchst du eine 20-Cent-Münze. Wenn dein Ball ca. 27 cm groß ist, musst du ein 1-Euro-Stück nehmen.

Nun geht's los:

Die Münze soll dir veranschaulichen, wie dick die Lufthülle der Erde tatsächlich ist. Lege die Münze auf den Ball oder den Globus. Vergleiche die Dicke der Münze mit dem Durchmesser der Erde.

Erklärung:

Die Lufthülle der Erde entspricht in ihren Ausmaßen etwa der Dicke der Münze im Verhältnis zum Ball. Weil wir über uns den großen, blauen Himmel sehen, glauben wir, dass unsere Lufthülle (Atmosphäre) riesig groß wäre. Im Vergleich zur ganzen Erde ist die Atmosphäre aber sehr dünn.

Das brauchst du:

- ✦ eine große Schüssel
- ✦ ein leeres, sauberes Marmeladen- oder Trinkglas
- ✦ etwas Farbstoff (z.B. Hagebuttentee, Lebensmittelfarben oder die Farbe von Smarties)

Zur Vorbereitung:

Stelle zuerst den Farbstoff her. Wenn du Tee nimmst, lass ihn erst abkühlen. Lebensmittelfarbe (gibt es in der Apotheke oder Drogerie) kann man mit einigen wenigen Tropfen in Wasser auflösen. Smarties müssen eine Weile in warmem Wasser liegen, damit sie ihren Farbstoff abgeben können.
Fülle Wasser in die Schüssel hinein.
Gib nun den Farbstoff in das Wasser.

Nun geht's los:

Drehe das Glas um und drücke es langsam in das gefärbte Wasser.
Beobachte, wie das Wasser im Glas steigt.
Fällt dir etwas Besonderes auf?

Erklärung:

Wenn das Glas ganz leer wäre, würde das Wasser im Glas genauso hoch steigen wie im Rest der Schüssel. Man sieht jedoch, dass es nicht so weit steigt. Es muss also schon etwas im Glas vorhanden sein, das den Platz für das Wasser nicht freigibt. Richtig! Im Glas ist eine bestimmte Menge Luft, die verhindert, dass das Wasser ungehindert hochsteigen kann.

Auf zum Neptun-Schwimmbad

„Wo fliegen wir überhaupt hin?", fragte Schnuppe. „Auf unseren Memorykarten finde ich Neptun am schönsten, der ist so blau", sagte Timo. „Sieht aus, als könnte man da schwimmen gehen. Schließlich sind Sommerferien, und wir waren noch gar nicht im Freibad." Herr Armstrong, der eben reinrollte, meldete sich mit einem Hüsteln zu Wort: „Meine lieben Herrschaften Astronauten, bedauerlicherweise müssen wir vom Besuch des Neptuns absehen. Zu weit entfernt von der Erde, es gibt kaum eine Chance, diesen schönen Riesenplaneten jemals mit einer bemannten Raummission zu erreichen. Er ist der Planet unseres Sonnensystems mit der größten Entfernung zur Sonne. Nur Pluto ist noch weiter weg, aber der ..." „Schon gut", sagte Opa Pluto, „wir wissen Bescheid, der ist aussortiert worden." Herr Armstrong ließ sich wie immer nicht von seinem Vortrag abbringen: „Schwimmen kann man auf dem Neptun auch nicht empfehlen: Das Blaue kommt nämlich gar nicht von Wasser, sondern von seiner Gashülle. Sehr kalt ist es dort, und heftige Stürme fegen über den Planeten hinweg." „Ungemütlich", sagte Opa, „dann gehen wir ja wohl doch lieber hier ins Freibad, Kinder."

Albertina hatte dem Roboter aufmerksam zugehört und fragte Herrn Armstrong: „Aber welche Planeten sind denn näher an uns dran als Neptun? Und können wir sie mit unserer Rakete erreichen?"

„Der nächste Planet zur Erde ist Venus", antwortete Armstrong und wollte zu einer weiteren Erklärung ansetzen. Aber Timo, der langsam ungeduldig wurde, unterbrach ihn. „Gut", rief er, „dann fliegen wir zur Venus. Ist irgendwer dagegen?" „Langsam, langsam", sagte Opa, „soweit ich weiß, ist die Venus etwas ungastlich, nicht wahr, Herr Armstrong?" Armstrong nickte. „Die Venus ist mehr als doppelt so heiß wie ein Backofen, in dem ein Kuchen gebacken wird. Und außerdem würde ihre Atmosphäre Menschen nicht beschützen, wie es unsere Erdatmosphäre tut, sondern zerdrücken."

„Sag mal, Herr Armstrong", ließ sich jetzt Albertina vernehmen, „die Planeten und die Sterne sind ja so weit weg, wieso wisst ihr dann so viel darüber? Ich meine, man kann ja nicht einfach so in den Himmel gucken, und dann fliegt der Neptun vorbei, damit man mal eben die Temperatur messen kann." Schnuppe lachte und sagte: „So, mein lieber Neptun, hab mal keine Angst. Hier kommt Doktor Armstrong mit dem Thermometer und schaut, ob du Fieber hast."

Herr Armstrong gab mit keinem Zeichen zu verstehen, dass er Schnuppes Witz lustig fand, sondern fuhr ernst fort: „Beim Neptun war es eine Raumsonde, die die Temperatur festgestellt hat. Sie hieß Voyager 2 und war 12 Jahre unterwegs, bis sie endlich beim Neptun angekommen ist. Raumsonden sind unbemannte Flugkörper. Sie werden mit Raketen ins All geschossen und sammeln dort Informationen. Sie können alle möglichen Sachen messen, Bilder machen und so weiter und schicken alles per Funk – wie bei einem Radio – an die Erde zurück."

„Herr Armstrong", warf Opa ein, „ich verstehe, dass Sie als Roboter von komplizierter Weltraumtechnik begeistert sind. Wir können den Sternenhimmel aber auch ganz einfach mit dem Fernrohr von der Erde aus beobachten, oder?" „Selbstverständlich, werter Herr Pluto", gab Herr Armstrong Opa Recht: „Schon mit einem Linsenfernrohr können Sie interessante Beobachtungen machen. Und erst mit einem Spiegelteleskop", geriet er ins Schwärmen. Timo wurde immer ungeduldiger: „Wo fliegen wir denn nun hin?" Armstrong sah wieder beleidigt aus, weil er es nicht schätzte, unterbrochen zu werden. Deshalb fiel seine Antwort auch ungewöhnlich knapp aus: „Wir fliegen zum Mond, umkreisen ihn, werden jedoch bei diesem ersten Flug der Herrschaften Astronauten besser noch nicht landen."

Sonne, Mond und Sterne

Frage:

Wie funktioniert ein Spiegelteleskop?

Zum Beobachten von Sternen, Planeten und Monden kann man zwei Arten von **Teleskopen** verwenden:

1. Linsenfernrohre (diese sind schmal und lang und enthalten Glaslinsen)

2. Spiegelteleskope (deren Rohre sind breiter und haben meistens eine seitliche Beobachtungsmöglichkeit)

So sieht der Hohlspiegel des großen Herschel-Teleskops aus, das die ESA 2009 ins All schickt.

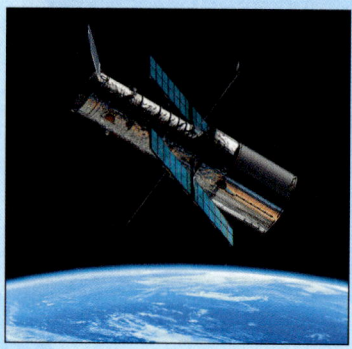

Das berühmteste Spiegelteleskop befindet sich im Weltraum. Das Hubble-Teleskop wurde 1990 mit einem Spaceshuttle in eine Umlaufbahn der Erde gebracht und macht seither besonders gute Fotos von Sternen, Planeten und Monden.

Mit dem folgenden Versuch kannst du ausprobieren, wie ein ganz einfaches Spiegelteleskop funktioniert.

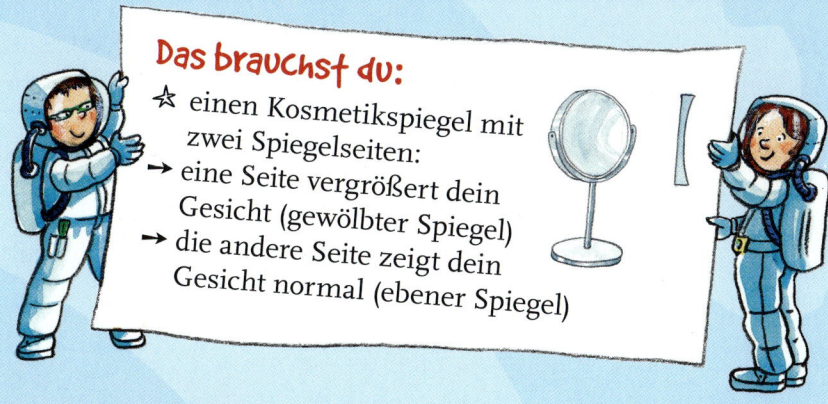

Das brauchst du:

★ einen Kosmetikspiegel mit zwei Spiegelseiten:
→ eine Seite vergrößert dein Gesicht (gewölbter Spiegel)
→ die andere Seite zeigt dein Gesicht normal (ebener Spiegel)

Zur Vorbereitung:

Geh in die Nähe eines Fensters, durch das viel Licht kommt. Neben dem Fenster sollte eine freie, weiße Wand sein. Man kann aber auch ein weißes Blatt Papier hinhalten.

Nun geht's los:

Zu Beginn verwendest du die flache Seite des Spiegels. Richte diese Seite zum Fenster aus und drehe den Spiegel, sodass das Licht vom Fenster auf die weiße Wand daneben geworfen wird. Kannst du ein Bild erkennen, oder wird die Wand nur heller? Wird ein klares Bild sichtbar, wenn du dich der Wand näherst oder dich davon entfernst?

Nun drehe den Spiegel um, sodass die hohle Seite zum Fenster zeigt. Wiederhole den Versuch. Kann man nun ein Bild erkennen?

Geh auch mal vor oder zurück und beobachte, ob du dann ein Bild siehst. Der Abstand vom Spiegel zur Wand kann etwa 25–50 cm betragen. Gibt es eine bestimmte Stelle, wo das Bild am besten ist? Vergleiche das Bild mit dem, was du durch das Fenster siehst. Fällt dir etwas auf?

Erklärung:

Mit einem Hohlspiegel kann man ein Bild an die Wand werfen. Das Bild steht aber im Vergleich zu dem, was du durch das Fenster siehst, auf dem Kopf und ist seitenverkehrt. Indem du den Abstand zwischen Hohlspiegel und Wand veränderst, kannst du ein scharfes Bild erzeugen. Der Hohlspiegel in einem richtigen Spiegelteleskop ist natürlich noch viel besser. Es kann daher sehr scharfe und helle Bilder von weit entfernten Sternen und Galaxien erzeugen.

Herr Armstrong dreht durch

Langsam machte sich Aufregung breit. Wie Opa beim Abendessen sagte, als er auf sein Leberwurstbrot gedankenverloren noch mal ordentlich Marmelade schmierte: „Man fliegt schließlich nicht jeden Tag zum Mond. Übrigens, nach dem Essen können wir dann langsam mit dem Packen beginnen", schlug er vor, und alle verschwanden, um zusammenzusuchen, was bei einer Reise auf keinen Fall fehlen durfte.

Schließlich standen vier dicke Koffer, zwei Reisetaschen, drei Plastikbeutel und ein Tragekorb im Flur. Eben rollte Herr Armstrong aus dem Garten herein. Schnuppe zeigte auf das Gepäckchaos und sagte: „Sollen wir unsere Sachen schon mal zur Rakete bringen?" Über Armstrongs Monitor zuckten giftgrüne Lichtblitze, und ein rotes Blinklicht begann auf dem Kopf zu rotieren. Ohne ein Wort fuhr er durch den Flur in die Küche, beschleunigte dabei aber enorm, raste auf den Küchentisch zu, drehte kurz vorher ab und knallte in den Kühlschrank. Opa versuchte die Kinder und sich in Sicherheit zu bringen und rief: „Alle auf die Küchenbank! Armstrong dreht durch." Herr Armstrong hatte sich vom Kühlschrank weggedreht und nahm Anlauf in Richtung Fenster, als sich Gagarins Stimme über Armstrongs Lautsprecher vernehmen ließ: „Genossen Kosmonauten, etwas muss ihn sehr aufgeregt haben, dann hat er diese kleinen Aussetzer. Suchen Sie schnell einen Reim mit irgendetwas aus dem All, Weltall-Gereimtes beruhigt ihn, wenn er aufgeregt ist." Alle starrten auf Albertina, die am besten im Reimen war, während Herr Armstrong laut scheppernd erneut gegen den Kühlschrank knallte. Albertina überlegte fieberhaft. Schließlich brachte sie gerade rechtzeitig „Wie ein großer runder Ball steht der Mond im weiten All" hervor, bevor Herr Armstrong das Tischbein zum dritten Mal rammen konnte. Leicht vibrierend blieb Herr Armstrong stehen und schaute sich in der Küche um. „Was machen die Herrschaften Astronauten auf der Küchenbank?", fragte er erstaunt. Opa Pluto und die Kinder berichteten ihm, was geschehen war, und Armstrong wirkte niedergeschlagen: „Ein Programmierungsfehler. Bitte um Entschuldigung. Ich muss mich über irgendetwas schrecklich aufgeregt haben. Ah, ich erinnere mich." Armstrong erklärte den Kindern und Opa, dass der Anblick des vielen Gepäcks im Flur zu viel für ihn gewesen sei. „Kleines Gepäck ist das Wichtigste bei Weltraumreisen, kleines Gepäck, sonst kriegen wir das Raumschiff nicht hoch!"

„Ich dachte, wir hätten eine starke Rakete", sagte Schnuppe enttäuscht, „da kann es doch auf einen kleinen Koffer mehr oder weniger nicht ankommen." Auch Opa sah besorgt aus und schien das Vertrauen in die Rakete verloren zu haben. „Meine lieben Herrschaften Astronauten, ich denke, es ist an der Zeit, Ihnen etwas Wichtiges zu zeigen. Beim Start muss die Rakete schließlich der Anziehungskraft der Erde entfliehen. Dabei spielt das Gewicht eine große Rolle. Bitte folgen Sie mir ins Badezimmer. Herr Pluto, bitte bringen Sie eine leere Milchtüte und Frau Albertina einige Spielfiguren und Klebeband mit."

Alle quetschten sich ins Badezimmer, wo Opa Pluto die Badewanne volllaufen ließ und Herr Armstrong die Milchtüte ausschnitt, mit einem Luftballon füllte und zwei Spielzeugmännchen draufklebte. „10, 9, 8, 7, 6...", zählte er rückwärts und ließ bei 0 zum Milchtüten-Raketenstart den aufgeblasenen Luftballon los. Die Rakete sauste durch die Wanne. „So starten wir auch mit unserer richtigen Rakete", rief Schnuppe aufgeregt. Herr Armstrong klebte aber zwei weitere Männchen und ein Stück Seife als Gepäck auf die Tüte. Opa blies noch einmal den Ballon auf, Albertina zählte rückwärts, und alle konnten sehen, wie sich die Rakete, schwerer beladen wie sie war, deutlich langsamer als eben durch die Wanne bewegte. „Verstehe", rief Opa. „Ganze Mannschaft los und das Gepäck verkleinern, sonst sind wir zu schwer zum Abheben!"

Weltall

Frage:
Wie funktioniert das Rückstoßprinzip?

Das brauchst du:

☆ eine leere Getränkeverpackung (Tetrapak)
☆ ein Messer oder eine Schere
☆ einen länglichen Zeppelin-Luftballon
☆ eine große Plastikwanne oder eine Badewanne mit Wasser
☆ einige Spielfiguren

Zur Vorbereitung:

Spüle die Getränkeverpackung mit Wasser gründlich aus und lasse sie etwas abtropfen. Mit dem Messer oder der Schere schneidest du jetzt im unteren

Teil ein Viereck heraus. Achte darauf, dass dieser Ausschnitt auf der gleichen Seite wie der Verschluss liegt.

Nun geht's los:

Durch die Ausgießöffnung (Verschluss) der Getränkeverpackung kannst du nun einen langen Zeppelin-Luftballon einziehen und langsam aufblasen. Wenn der Ballon durch die viereckige Öffnung hindurchkommt, kannst du damit aufhören. Halte den Ballon mit den Fingern zu, damit die Luft nicht wieder austritt.
Setze dein „Raketenboot" nun vorsichtig auf die Wasseroberfläche und lass die Ballonöffnung los, damit die Luft entweichen kann. Wohin bläst die Luft? Was geschieht mit dem Raketenboot? In welche Richtung bewegt es sich?

Du kannst den Versuch mehrmals wiederholen und auch kleine Lasten aufladen. Wie schnell fährt das Raketenboot, wenn du mehrere Spielfiguren (Astronauten!) mitnimmst?

Ariane 5

Erklärung:

Im Ballon ist die Luft zusammengepresst worden. Wenn man ihn loslässt, entweicht die Luft mit großer Geschwindigkeit aus dem Ballon. Gleichzeitig bewegt sich das Raketenboot entgegengesetzt zur Richtung der Luftströmung. Das nennt man **Rückstoßprinzip** (vgl. S.37). Du darfst dir aber jetzt nicht vorstellen, dass sich die aus der Düse ausströmende Luft an der äußeren Luft abstößt. Wenn das so wäre, könnte eine Rakete im luftleeren Weltraum nicht mehr schneller werden. Eine Rakete funktioniert ähnlich wie dieser Versuch. Um noch mehr Rückstoß zu bekommen, wird im Triebwerk Treibstoff verbrannt. Die Verbrennungsgase werden durch eine Düse sehr schnell ausgestoßen. Wegen der großen Masse und der hohen Geschwindigkeit der ausgestoßenen Gase ist der Rückstoß so groß, dass die Rakete abheben kann. Die großen Weltraumraketen haben nicht nur ein Triebwerk, sondern gleich mehrere. Die Ariane 5 der ESA besteht sogar aus drei Raketentriebwerken, die beim Start gleichzeitig brennen (siehe Foto).

Garagendächer und die Schwerkraft

Opa räumte die Küche auf. Immer wenn er aufgeregt war, wurschtelte er in der Wohnung rum. Albertina steckte zum fünften Mal ihren Kopf zur Tür rein, machte dann aber wieder kehrt. „Was ist los, mein Mädchen?", rief ihr Opa hinterher. „Du siehst so bedrückt aus." Schnell kam Albertina in die Küche zurück und kuschelte sich an Opa. „Erzähl mir, was los ist, ich kann's dir doch an der Nasenspitze ansehen, dass was nicht stimmt." Albertina seufzte laut. „Opa, weißt du noch, letztes Jahr, wie Schnuppe aufs Garagendach geklettert ist?" Opa nickte. Er hatte den Unfall noch gut in Erinnerung. Was für ein Schreck! Albertina hatte den Ball aufs Garagendach geschossen, und Schnuppe war raufgeklettert, um ihn zurückzuholen. Aber dann war beim Runterklettern die Regenrinne abgerissen. Schnuppe war runtergesaust und still auf der Erde liegen geblieben. Opa hatte den Krankenwagen holen müssen, und es stellte sich heraus, dass Schnuppe eine Gehirnerschütterung und ein gebrochenes Bein hatte. Albertina nahm sich das immer noch übel, deshalb sagte Opa: „Schneckchen, das hätte doch genauso Schnuppe sein können, der den Ball verschossen hätte, und du wärst raufgeklettert." „Aber das mein' ich doch gar nicht, Opa", rief Albertina ungeduldig. „Im Vergleich zum Weltall ist so ein Garagendach doch superniedrig. Ich kapier' nicht, wieso Raketen nicht einfach vom Himmel auf die Erde fallen wie Schnuppe vom Garagendach."

Opa nickte: „Ja, das ist schwer zu verstehen, finde ich auch. Vielleicht sollten wir Herrn Armstrong fragen, wenn er wieder zurück ist. Für den Anfang kann ich dir schon mal was von der Schwerkraft erzählen." Opa erklärte Albertina, dass Schnuppe vom Garagendach gefallen war, weil die Erde eine Anziehungskraft hat, die genauso auf Bälle wie auf Teller und auf Menschen wirkt. Wenn sie von nichts sonst gehalten werden, zieht die Erde sie an. Gäbe es das nicht, könnten selbst Häuser fliegen.

In dem Moment rollte Herr Armstrong herein: „Sehr gut, mein lieber Herr Pluto, aber was passiert, wenn wir uns von der Erde entfernen wollen?" „Keine Ahnung", gab Opa zu, und Albertina schüttelte auch den Kopf. Zufrieden setzte Herr Armstrong zu einer Erklärung an: „Wenn wir der Schwerkraft entfliehen wollen, brauchen wir eine Rakete, die uns mit ihrem Treibstoff immer weiter weg von der Erde bringt. Die Schwerkraft wird langsam geringer, und wir kreisen auf einer Umlaufbahn um die Erde."

Erleichtert sagte Albertina: „Das heißt, dann können wir gar nicht mehr runterfallen, oder?" „Richtig", sagte Herr Armstrong. „Die Erdanziehungskraft ist nicht mehr stark genug, um uns zur Erde zu ziehen, sie hält uns aber in der Umlaufbahn und sorgt dafür, dass wir nicht einfach in den Weltraum wegfliegen. Das würden wir, wenn es nur die Fliehkraft gäbe."

Albertina guckte genervt: „Was ist das schon wieder, die Fliehkraft? Wieso ist der Weltraum eigentlich so kompliziert?" „Fliehkraft gibt es keinesfalls nur im Weltraum, meine Liebe. Es ist die Kraft, die Sie hier auf der Erde zum Beispiel im Karussell nach außen schleudert", sagte Herr Armstrong, als Opa ihm, so höflich das ging, das Wort abschnitt: „Ich glaube, für diesmal reicht es uns zu wissen, dass wir nicht runterfallen können, wenn wir einmal oben sind, nicht wahr?" Albertina bejahte. Aber Herr Armstrong ließ nicht locker: „Gut, meine Herrschaften, ich bereite ein kleines Experiment vor, das alle Fragen klären wird!" „Tun Sie das, lieber Herr Armstrong, aber warten Sie, bis Schnuppe und Timo auch dabei sind", sagte Opa und guckte Albertina fragend an: „Bist du jetzt beruhigt, mein Mädchen?" Albertina nickte und sagte dann: „Na klar, Astronautinnen müssen doch nicht nur schrecklich schlau, sondern auch sehr mutig sein, oder?"

Weltall

Frage:
Warum kann ein Raumschiff nicht herunterfallen?

Das brauchst du:

☆ eine Schnur
☆ zwei gleich schwere Kugeln (Holzkugeln mit Loch, Perlen o.ä.)
☆ einen alten Kugelschreiber oder Filzschreiber

Zur Vorbereitung:

Entferne die beiden Enden des Stiftes. Du benötigst nur die leere Hülse.
Ziehe ein ca. 40 cm langes Stück Schnur durch die leere Hülse.
Befestige an dem einen Schnurende eine der Kugeln.
Nun verbinde das andere Ende mit der zweiten Kugel.

Nun geht's los:

Nimm die Hülse in die eine Hand und bringe mit der anderen die obere Kugel in eine Drehbewegung. Wenn die obere Kugel gleichmäßig herumfliegt, versuche durch kräftigere Kreisbewegungen die Kugel schneller zu machen. Beobachte, wie sich die beiden Kugeln verhalten.
Was stellst du fest?

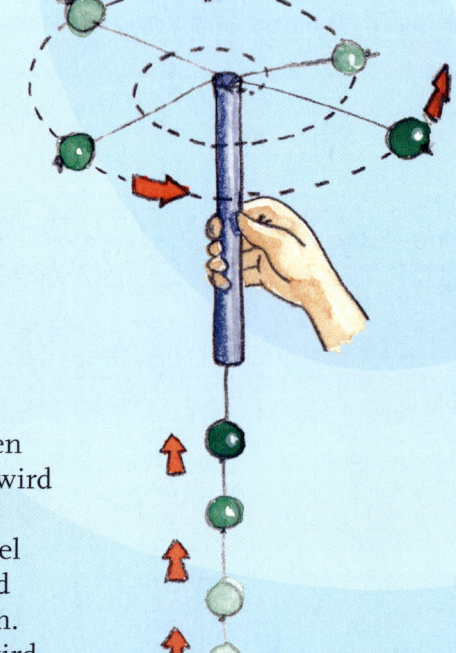

Erklärung:

Vermutlich hast du bemerkt, dass die obere Kugel bei einer schnelleren Umdrehung nach außen gedrückt wird und eine größere Bahn einnimmt.
Weil die obere mit der unteren Kugel über die Schnur verbunden ist, wird die untere Kugel nach oben gezogen.
Wenn die obere Kugel langsamer wird, wird die Kreisbahn wieder kleiner.
Ein Raumschiff, das um die Erde fliegt, wird nach außen gedrückt, von der Erde weg. Die Kraft, die es nach außen zieht, nennt man **Fliehkraft**. Wenn sich seine Geschwindigkeit vergrößert, fliegt es in einem weiteren Kreis um die Erde. Wenn es lang-

samer wird, geht das Raumschiff in eine niedrigere Bahn über. Wäre die Anziehungskraft der Erde nicht da, würde das Raumschiff von der Erde wegfliegen. Würde sich das Raumschiff nicht auf einer Kreisbahn um die Erde bewegen, wäre die Fliehkraft nicht da, und das Raumschiff würde zur Erde stürzen.

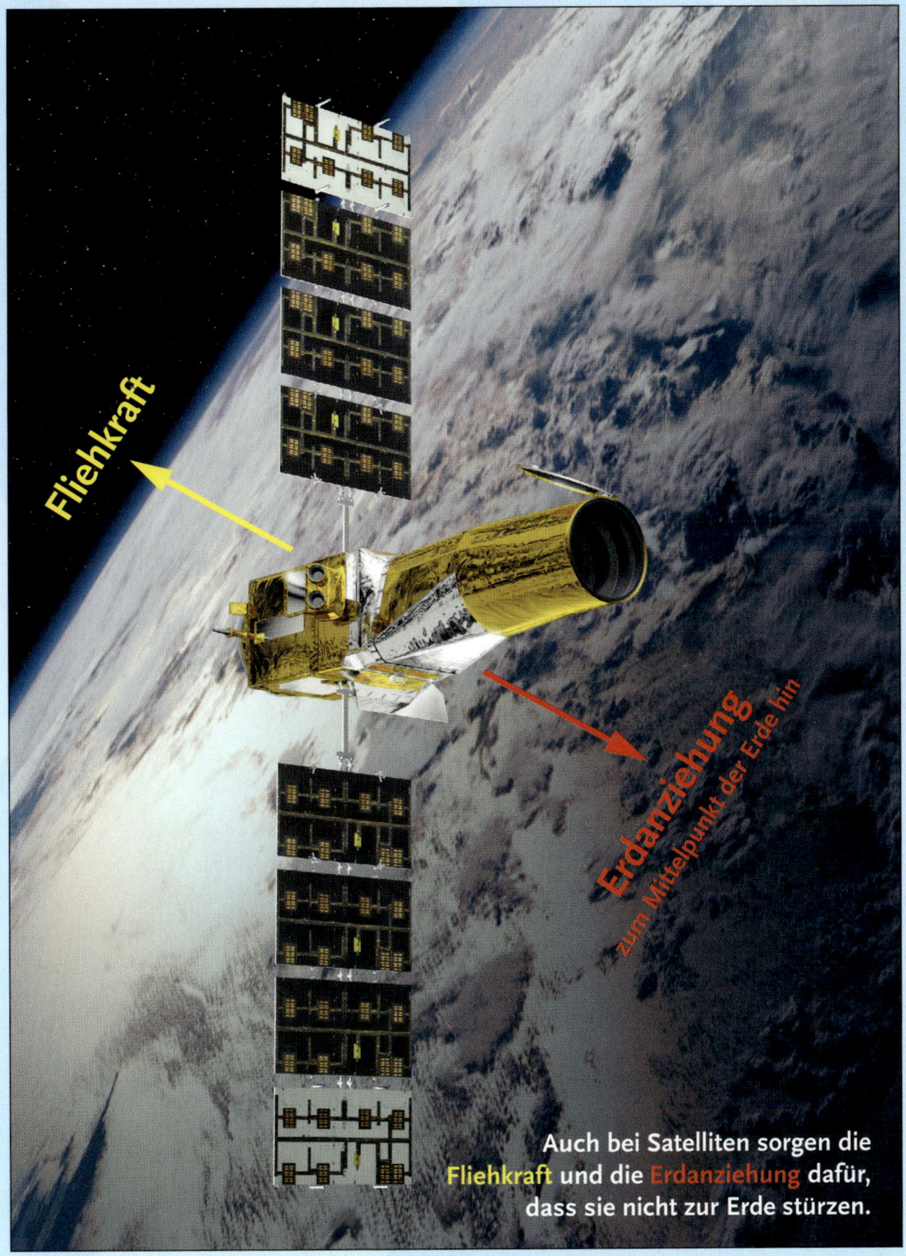

Fliehkraft

Erdanziehung
zum Mittelpunkt der Erde hin

Auch bei Satelliten sorgen die Fliehkraft und die Erdanziehung dafür, dass sie nicht zur Erde stürzen.

Windeln für alle

Opa Pluto und die Kinder hatten zwei Tage anstrengendes Weltraumtraining mit Armstrong und Gagarin hinter sich. „Meine lieben Astronauten", schloss Armstrong am späten Abend eine Unterrichtsstunde. „Ich bin zuversichtlich, Sie ausreichend informiert zu haben. Übermorgen starten wir. Die Vorbereitungen sind abgeschlossen. Selbst der von Ihnen gewünschte Name PLUTO I steht in großen Buchstaben auf der Rakete."

Die Kinder brachen in lauten Jubel aus. „Bitte Ruhe, meine Herrschaften, bitte Ruhe." Herr Armstrong holte etwas aus einem Karton, das verdächtig nach Windeln aussah, und sagte: Ich bitte Sie, diese hier vor dem Start anzulegen. Herr Pluto, wenn Sie sich die größte nehmen würden, zweimal die gleiche Größe für Herrn Schnuppe und Frau Albertina sowie das kleinste Exemplar für Herrn Timo." Alle starrten entsetzt auf die Papierwindeln. Opa fand als Erster die Sprache wieder: „Herr Armstrong, bei allem Respekt, aber das ist nicht Ihr Ernst, oder? Erwarten Sie wirklich, dass wir Windeln tragen? Wir sind doch keine Wickelbabys!" Herr Armstrong blinkte erstaunt rot-grün-blau und erwiderte ungerührt: „Aber mein lieber Herr Pluto: Sie wollen zum Mond, und für die Startphase in der Rakete brauchen Sie Windeln. Sie sind nicht der erste Astronaut, der so etwas trägt. Im Gegenteil, ich bin sicher, dass sich Ihr berühmter amerikanischer Kollege Alan Shepard – nach dem Russen Juri Gagarin übrigens der zweite Mensch im Weltraum – eine solche Windel sehnlichst gewünscht hätte. Sein Start 1961 verzögerte sich, und er musste in seinen Raumanzug urinieren, weil er keine Windel trug."

Timo machte große Augen: „Heißt ‚urinieren‘, er hat in die Hose gemacht? Ein erwachsener Astronaut?" „Ja", sagte Herr Armstrong. „Was hätte er denn sonst tun sollen? Wenn die Startphase abgeschlossen ist, können Sie die Windeln selbstverständlich ablegen und die Absaugvorrichtung benutzen." Albertina guckte ungläubig: „Das heißt, es gibt kein normales Klo?" „Richtig", erläuterte Herr Armstrong. „Damit nichts Ekliges im Raumschiff rumfliegt, muss alles sofort weggesaugt werden. Sie werden sich schnell dran gewöhnen."

Schnuppe grinste plötzlich, wie er immer grinste, wenn ihm etwas Lustiges eingefallen war: „Und bevor wir zur Erde zurückfliegen, wird der ganze aufgesaugte Kram mit dem großen Wagen abgeholt." Herr Armstrong blinkte nur verwirrt. „Herr Schnuppe", meinte er und wirkte schon fast verzweifelt, „ich verstehe nicht, welchen Wagen Sie meinen. Zur Ausstattung unserer Rakete zählt aus den verschiedensten Gründen selbstverständlich kein Wagen." Schnuppe grinste noch immer und zeigte aus dem Fenster. „Opa, du hast uns doch bei der Lesenacht am Himmel ein Sternbild gezeigt: den Großen Wagen." „Stimmt", sagte Opa, „eins der bekanntesten Sternbilder auf unserer Erdhalbkugel." „Ich weiß jetzt, was Schnuppe meint", sagte Albertina. „Der Wagen – also das Sternbild – sieht aus wie eine Karre für Lasten." Armstrong blinkte immer schneller und sagte endgültig verwirrt: „Aber ein Sternbild ist doch nur etwas, was die Menschen von der Erde aus so sehen. Die Sterne sind endlos weit voneinander entfernt und haben eigentlich nichts miteinander zu tun und ..."

Schnuppe unterbrach Armstrong und sagte: „Keine Panik, Herr Armstrong. Das mit dem Wagen war doch nur ein Witz: Großer Wagen zum Müllwegbringen, verstehst du denn nicht?"

Opa schaltete sich ein: „Wir vergessen immer wieder, dass Herr Armstrong ein Roboter ist. Ich glaube, für ihn ist es äußerst schwer, Witze zu verstehen."

„Danke, Herr Pluto", sagte Herr Armstrong erleichtert zu Opa. „Bitte erklären Sie mir bei Gelegenheit, was das ist, ein Witz. Es scheint etwas mit lustigem Sprechen zu tun zu haben. Ich bin sicher, auch Gagarin wird höchstes Interesse an dieser Fortbildung haben."

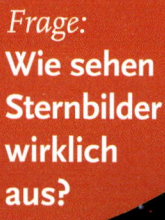

Sonne, Mond und Sterne

Frage:
Wie sehen Sternbilder wirklich aus?

Der große Wagen

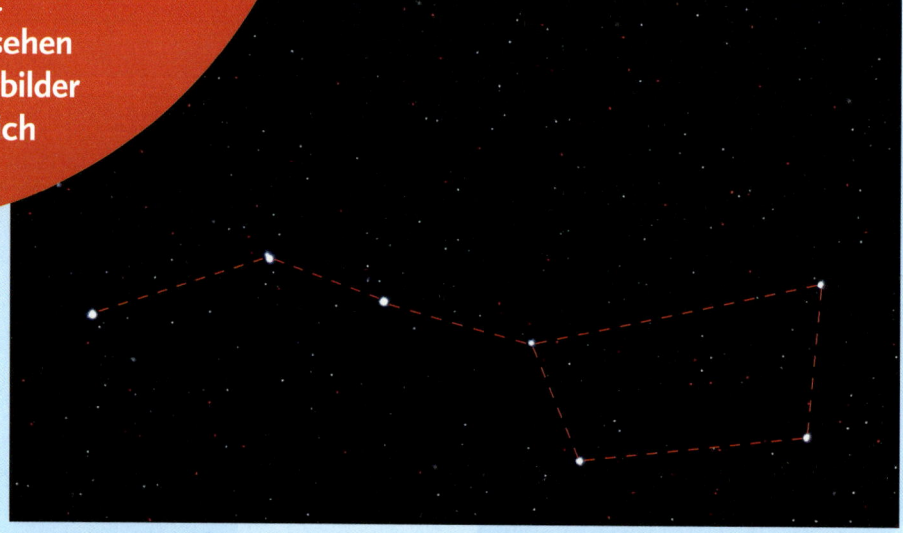

Von der nördlichen Erdhalbkugel kann man sehr leicht am Sternenhimmel eine ganz besondere Anordnung von Sternen erkennen (siehe Bild). Die sieben Sterne bilden scheinbar die Form eines kleinen Wagens mit einer langen Deichsel. Daher zeichnet man sehr oft Linien zwischen den Sternen ein. In Wirklichkeit gibt es diese Verbindungen gar nicht. Die Sterne stehen auch nicht so nah beieinander.
Mit dem folgenden Modell kannst du dir schnell klarmachen, warum wir die Sterne in dieser Anordnung sehen.

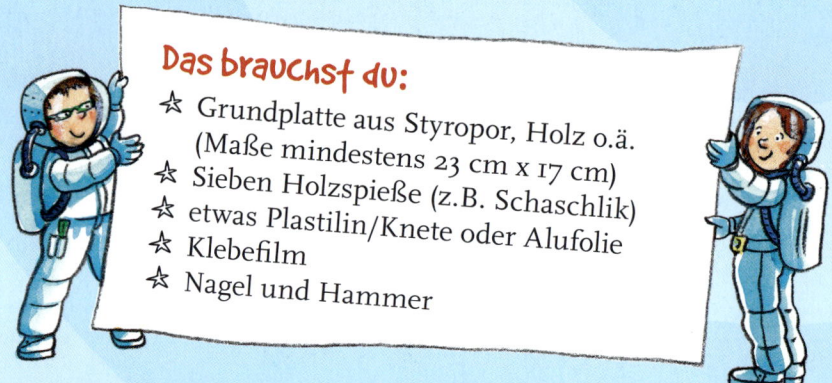

Das brauchst du:

* Grundplatte aus Styropor, Holz o.ä. (Maße mindestens 23 cm x 17 cm)
* Sieben Holzspieße (z.B. Schaschlik)
* etwas Plastilin/Knete oder Alufolie
* Klebefilm
* Nagel und Hammer

Zur Vorbereitung:

Beginne mit der Herstellung der Sterne. Forme aus dem Plastilin oder der Alufolie sieben Kugeln (ca. 5–7 mm Durchmesser).
Anschließend musst du die Skizze auf der nächsten Seite aus dem Buch kopieren.

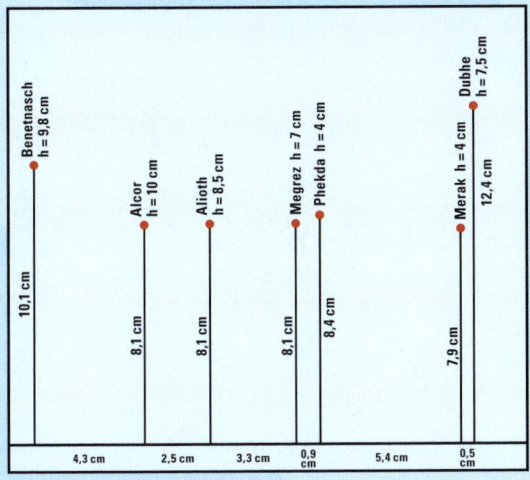

Benetnasch
h = 9,8 cm

Alcor
h = 10 cm

Alioth
h = 8,5 cm

Megrez h = 7 cm

Phekda h = 4 cm

Dubhe
h = 7,5 cm

Merak h = 4 cm

10,1 cm

8,1 cm

8,1 cm

8,1 cm

8,4 cm

12,4 cm

7,9 cm

4,3 cm   2,5 cm   3,3 cm   0,9 cm   5,4 cm   0,5 cm

Kopiervorlage (auf die ange-
gebenen Maße vergrößern!)

- Aus der Kopie schneidest du
  nun dieses Viereck aus und
  klebst es mit Klebestreifen
  auf die Grundplatte.
- Setze den Nagel auf
  die Sternenpunkte (Be-
  netnasch, Alcor usw.) und
  klopfe mit dem Hammer
  ein wenig drauf, sodass
  es in der Grundplatte ein
  kleines Loch gibt.

- Hier werden nun die Holzspieße hineingedrückt.
  Etwas Klebstoff kann nicht schaden.
- Der Holzspieß für den Stern Benetnasch muss 9,8 cm über der
  Grundplatte abgesägt oder -geschnitten werden. Deine Eltern helfen
  dir sicher dabei, die richtige Länge abzumessen.
- Wenn man auch die Spieße für die Sterne Alcor (10 cm), Alioth (8,5
  cm), Megrez (7 cm), Phekda (4 cm), Merak (4 cm) und Dubhe (7,5 cm)
  auf die richtige Länge gebracht hat, kann man vorsichtig die kleinen
  Plastilinsterne aufstecken.

Nun geht's los:

Wenn man schräg von der Seite auf
dieses Modell blickt, kann man aus
einer bestimmten Blickrichtung die
sieben Sterne genau so sehen, wie sie
am Sternenhimmel angeordnet sind.
Wenn wir nun die Sterne aus einer
ganz anderen Richtung anschauen,
sieht die Stellung völlig anders aus.

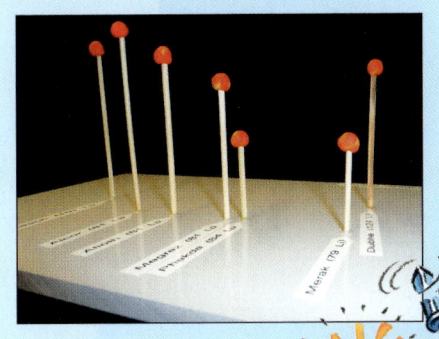

Erklärung:

Alle unsere Sternbilder sehen nur von der Erde betrachtet
so aus. Würden wir von der Erde weg zu einem ganz anderen Teil des Weltalls fliegen, würden wir die Sternbilder nicht mehr sehen können. In Wahrheit gehören die
Sterne eines Sternbildes gar nicht zusammen. So sind
etwa die Sterne Dubhe und Benetnasch viel weiter von der
Erde entfernt als die übrigen Sterne.

Die PLUTO I hebt ab

Herr Armstrong hatte allen in die Raumanzüge geholfen. Zum Schluss verriegelte er die Helme. Gagarin winkte ihnen fröhlich von Armstrongs Monitor aus zu und gab die Anweisungen der Bodenstation: „Genossen Kosmonauten, bitte Platz nehmen und anschnallen. Großväter und Kinder zuerst, Armstrong, du verriegelst dich am Schluss mit der Schalttafel." Eng war es in der Kabine. Die Anzüge waren nicht gerade bequem, fand Timo, und die Anschnallgurte waren so fest gezogen, dass es fast schon wehtat. Alle saßen wartend in den Sitzen und starrten gebannt auf die unzähligen Schalter, Knöpfe, Tastaturen und Monitore. „Hoffentlich haben uns Gagarin und Armstrong wirklich gut auf alles vorbereitet, was uns erwartet", murmelte Opa leise in seinen Helm. „Nicht, dass sie in der Eile was vergessen haben." Armstrong, der sich in der Mitte einer Schalttafel festgemacht hatte, antwortete beleidigt: „Selbstverständlich habe ich Sie gut vorbereitet, werter Herr Pluto, ich muss um etwas mehr Vertrauen in den Kommandanten bitten." Schnuppe schaltete sich ein: „Opa, wir sind ab jetzt alle über Sprechfunk verbunden, jeder versteht alles, was die anderen sagen." „Verstanden", sagte Opa und entschuldigte sich bei Herrn Armstrong: „Bin etwas nervös, Kommandant." „Keine Sorge, Herr Pluto", meinte Herr Armstrong versöhnlich, „durch das umfangreiche Training, das ich in den letzten Tagen mit Ihnen durchgeführt habe, sind Sie alle in der Lage, nach den Anweisungen der Bodenstation die nötigen Schritte auszuführen, falls ich einmal ausfallen sollte – was bei einem ESAFKI-Spezialroboter im besten Alter, wie ich betonen möchte, noch nie vorgekommen ist."

Gagarins Stimme unterbrach Opas Antwort: „Sind die Genossen Kosmonauten und der Herr Kollege bald mit ihrem Geplauder fertig? Dies ist eine Weltraummission und kein Kaffeeklatsch." „Verstanden, Bodenstation, alles fertig zum Start", sprach Albertina so lässig in ihr Helmmikrofon, dass Timo und Opa bewundernd aufschauten. „Dann woll'n wir mal, Leute, macht euch auf einigen

Druck gefasst", kam es von der Bodenstation zurück. „Wir zählen jetzt rückwärts, bei 0 geht's dann los. 10, 9, 8, 7, 6, 5, 4, 3, 2, 1 – Start."

Mit einem Höllenlärm stieß die Rakete unten heißes Gas aus und hob ab. Alles dröhnte und vibrierte. Opa und die Kinder wurden ein paar Minuten ordentlich durchgeschüttelt. Dann wurde es plötzlich ruhiger, doch sie wurden noch fester als vorher in ihre Sitze gepresst. „Alles läuft nach Plan, Leute", meldete Gagarin, „Startraketen sind abgesprengt, jetzt bringt euch das Haupttrieb-

werk nach oben." Die Kinder und Opa konnten den Druck kaum noch aushalten. Timo weinte sogar und sagte verzweifelt: „Ich hab' das Gefühl, ein Nilpferd sitzt auf mir drauf und erdrückt mich." Opa griff nach Timos Hand und wollte ihn gerade trösten, obwohl er sich auch nicht besonders viel besser fühlte und das Gefühl hatte, der Freund des Nilpferds von Timo hätte auf ihm Platz genommen. Da wurde plötzlich alles anders, und Timo rief glücklich: „Opa, das Nilpferd ist weg!"

Weltall

Das brauchst du:

★ einen dickeren Trinkhalm
  (Durchmesser ca. 5 mm)
★ einen dünneren Trinkhalm
  (Durchmesser ca. 3 mm)
★ etwas Knetmasse
★ eine Fahrradluftpumpe
★ dünnen Karton (Flügel)

Zur Vorbereitung:

„Die Startrampe"

Mit dicken Klebebändern wird zuerst die Fahrradluftpumpe
auf dem Tisch festgeklebt.
Der Griff der Pumpe sollte über die Tischkante hinausragen.
Schneide mit der Schere ein etwa 12 cm langes Stück vom
dünnen Trinkhalm ab.
Setze es in die Austrittsdüse der Fahrradluftpumpe.
Damit seitlich aus der Düse keine Luft entweichen kann,
lege etwas Knetmasse um den Trinkhalm
und drücke sie vorsichtig an.

„Die Rakete"

Schneide vom dickeren Trinkhalm ein ca. 10 cm langes Stück ab.
Forme eine Raketenspitze aus Knetmasse und setze sie auf den dicken
Trinkhalm auf.
Nun sind die Flügel dran: Schneide aus dem dünnen Karton drei
gleich große Dreiecke aus.
Sie dürfen nicht zu groß und zu schwer werden.
Klebe die drei Flügel mit etwas
Klebeband an der Rakete fest.

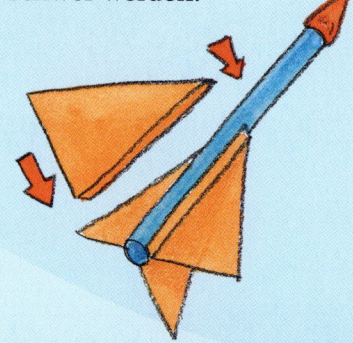

Nun geht's los:

Schiebe die fertige Rakete von oben auf den dünnen Trinkhalm. Jetzt ist deine Rakete startbereit. Halte die Pumpe mit einer Hand auf dem Tisch fest, und mit der anderen Hand drückst du ganz schnell Luft in die Pumpe. Wie hoch kann deine Rakete fliegen?

Erklärung:

Durch das schnelle Pumpen der Luft wird die Rakete in die Luft geschossen. Die Flügel sorgen dafür, dass die Flugbahn geradlinig ist. Je schneller du pumpst, desto größer ist der Druck. Je höher der Druck, desto höher fliegt auch deine Rakete.

Von schwebenden Handschuhen und Schals für Raketen

Opa fragte erstaunt: „Was ist denn jetzt los?" Und Timo sagte überrascht: „Alles an mir ist so leicht." „Wir sind schwerelos, Opa", sagte Albertina fröhlich. Schnuppe erklärte Timo: „Die Erde zieht uns nicht mehr an. Wir können schweben, und alles andere schwebt auch!" Die Raumfahrer bekamen die Erlaubnis, Helme und Handschuhe auszuziehen. Timo war am schnellsten, und einen Moment später hörte man ein „Oh!" von ihm, und sein Handschuh schwebte durch die Kabine. Albertina fing ihn geschickt auf und stupste ihn zu Schnuppe, der ihn an Opa weiterschubste. „Herrschaften Astronauten, ich muss Sie um etwas Vorsicht bitten. Durch schwebende Gegenstände könnten jederzeit Schalter getroffen werden." Alle guckten schuldbewusst, und Opa hielt sofort den Handschuh fest. Gagarins Stimme ertönte: „Gratulation zum ersten gelungenen Start, PLUTO I. Lösen Sie die Gurte und genießen Sie die Schwerelosigkeit."

Albertina schnallte sich ab und schwebte sofort von ihrem Sitz. Sie war verwirrt. Es gab kein Gefühl von Oben und Unten mehr. Boden, Wände und Decke hatten gar keine Bedeutung. Sie konnte sich genauso von der Decke abstoßen wie vom Boden. „Das fühlt sich aber komisch an", sagte sie, während sie aus Versehen erst gegen Opa und dann gegen Schnuppe stieß. „Verdammt eng hier drin", meinte Opa, der sich immer wieder besorgt umschaute, ob er nicht an einen wichtigen Schalter stieß. Schnuppe nickte: „Ist ja auch eine

Rakete und keine Raumstation wie die MIR, die wir uns in den Herbstferien im Europa-Park angeschaut haben." „Wir müssen zum Glück auch nicht so lange dort bleiben wie die Wissenschaftler, die in den Raumstationen im Weltall Experimente machen", sagte Opa. „Schon in Kürze will ich euch schließlich gesund und munter wieder bei euren Eltern abgeben."

So gut das in der Enge ging, erkundeten alle die Raumschiffkapsel und schauten aus dem Fenster hinaus in die tiefe Schwärze des Weltraums. „Kein bisschen blau, der Himmel", sagte Albertina etwas enttäuscht. Da erschien plötzlich eine Kugel im Fenster, die sehr wohl blau war. Nicht so blau wie der Neptun, aber wunderschön. Alle schnappten vor Aufregung nach Luft. Was sie sahen, war ohne Zweifel die Erde. Deutlich erkannte Schnuppe die Kontinente, und Albertina mochte besonders die großen Meere, denen die Erde den Namen „Blauer Planet" verdankt. „Ein Wunder", murmelte Opa und wirkte so, als ob er vor Glück gleich losweinen würde. „Denk doch mal, da sind Mama und Papa. Und wir sind hier so weit weg!", meinte Albertina und griff nach Timos Hand. „Klar, die werden Augen machen, wenn sie von ihrem Urlaub zurück sind", sagte Timo und wandte sich an Herrn Armstrong: „Mama

und Papa hätten uns bestimmt nicht fliegen lassen, aber zum Glück sind die ans warme Mittelmeer gefahren, weil Mama immer friert in Deutschland." „Wieso frieren wir hier eigentlich nicht", fragte Schnuppe. „Ich hab' gehört, dass es im Weltall ganz schön kalt werden kann." „Weil wir ein außergewöhnlich gut isoliertes Raumschiff haben, Herr Schnuppe, darauf habe ich persönlich allergrößten Wert gelegt", antwortete Herr Armstrong mit Angeberstimme, woraufhin sich Gagarin mit einem Hüsteln meldete: „Und wer hat's isoliert, Genosse Kollege?" Kleinlaut blinkte Armstrong mit einem einzigen blauen Lämpchen: „Kollege Gagarin hat da hervorragende Arbeit geleistet", sagte er leise, um laut fortzufahren: „Wie wär's mit einem ersten Getränk im All, Herrschaften Astronauten?"

Weltall

Im Weltall kann ein Raumschiff sehr schnell abkühlen. Dort, wo Sonnenlicht auf das Raumschiff trifft, wird die Oberfläche so heiß, dass man leicht etwas darauf braten könnte. Dort, wo die Sonnenstrahlen nicht hinkommen, ist die Oberfläche jedoch noch viel kälter als Eis. Raumschiffe und Astronautenanzüge müssen also ganz besonders aufgebaut sein:

- Sie dürfen die Hitze der von der Sonne beleuchteten Außenfläche nicht ins Innere leiten
- Sie müssen das Auskühlen auf der unbeleuchteten Schattenseite verhindern.

Astronaut der NASA

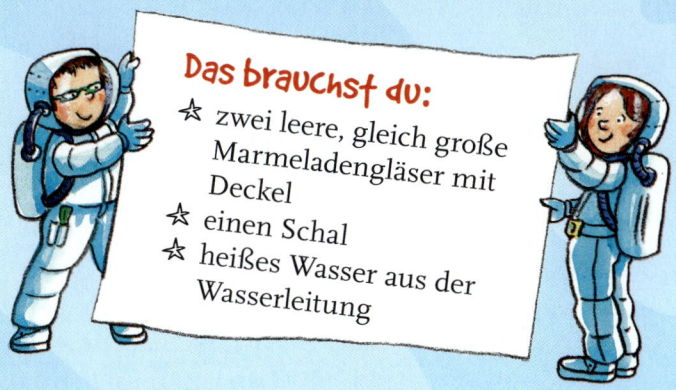

Das brauchst du:

★ zwei leere, gleich große Marmeladengläser mit Deckel
★ einen Schal
★ heißes Wasser aus der Wasserleitung

Zur Vorbereitung:

Die beiden Gläser sollten gereinigt sein.
Wähle einen Platz aus, an dem es nicht zieht.

Nun geht's los:

Fülle zügig heißes Wasser aus dem Wasserhahn (nicht aus dem Wasserkocher, wegen der Verbrennungsgefahr!) in beide Marmeladengläser. Achte darauf, dass beide Gläser gleich hoch gefüllt sind.
Nun verschließe sie. Wickle den Schal mehrmals um das eine

Glas und lasse beide Gläser eine Weile stehen. Nach etwa einer halben Stunde kannst du den Schal wegnehmen. Fasse nun beide Gläser gleichzeitig an und fühle, wie hoch die Temperatur jeweils ist.

Erklärung:

Du kannst sicher feststellen, dass das Wasserglas mit dem Schal viel wärmer ist als das andere. Der Schal verhindert, dass das Wasser im Glas schnell auskühlt. Der Schal hat dafür viele kleine Luftkammern, denn Luft leitet die Wärme nicht so schnell ab. Daher tragen wir im Winter ja auch einen Schal um den Hals.
Ähnlich funktioniert die Wärmedämmung eines Hauses. Aber auch ein Raumschiff muss vor Auskühlung geschützt werden. Dafür sind die Wände des Raumschiffs mit gutem Isoliermaterial gefüllt.

Nächstes Mal zum Mars

Erst jetzt merkten alle, dass sie großen Durst hatten.
„Au ja", sagte Timo, „ich hätte gern eine Limo, und
gegen was zu futtern hätte ich auch nichts. Opa, was
hast du denn zum Picknicken mitgenommen?" Herr Armstrong gab ein lustiges Geräusch von sich, das fast wie ein
Kichern klang, und Opa sagte: „Tja, da muss ich dich leider
enttäuschen, Timo. Dieses Mal keine Frikadellen und
Käsewürfelchen mit Trauben. Herr Armstrong
hat gesagt, die ESAFKI übernimmt die Verpfle-
gung – es gibt also Astronautenkost."
Alle guckten erwartungsvoll zu Armstrong, der einen seiner langen Aus-
zieharme zu einer Klappe streckte.
„Limo haben wir nicht im Angebot,
liebe Herrschaften Astronauten.
Hier finden Sie Orangensaft und
natürlich Wasser." „Orangensaft ist
auch super", meinte Schnuppe, und
Timo rief: „Gebt mir die Flasche und die
Gläser, ich schenk' ein." Diesmal kam das
kichernde Geräusch von Schnuppe. „Timo, stell dir mal vor, was
mit den Gläsern passiert, wenn dein Handschuh schon hier im
Raumschiff rumschwebt." „Klar", meinte Albertina, „die würden
hier auch schweben." „So ist es, werte Astronauten", ließ sich Armstrong vernehmen, „und noch schlimmer, der Orangensaft würde
das genauso tun. Deshalb haben wir Plastikpäckchen mit Orangensaft, aus denen Sie sich den Saft direkt in den Mund pressen
können." „Du meinst, der Orangensaft würde nicht auf den Boden
kippen, sondern in der Luft bleiben?", fragte Timo und wollte das
natürlich sofort ausprobieren. „Das geht leider nicht", erklärte Herr
Armstrong ernst, „es könnte Flüssigkeit in die technischen Instrumente eindringen und Schaden anrichten." „Also, Kinder", mein-

te Opa streng, „es wird anständig gegessen und getrunken." Alle saugten durstig ihre Orangensaftpäckchen aus, als Opa sich auf einmal verschluckte und hustete. Albertina wollte ihm helfen und klopfte ihm auf dem Rücken. Aber das Einzige, was sie erreichte, war, dass Opa einen kleinen Schluck Orangensaft ausprustete. Die Kinder staunten nicht schlecht, als sich der Orangensaft zu einer kleinen Kugel formte und in der Kabine herumschwebte. Noch mehr staunten sie aber, mit welcher Geschicklichkeit Opa der Kugel hinterherschwebte, sie mit dem Mund aufschnappte und herunterschluckte. „Wie ein Fisch im Wasser, Opa", rief Albertina, während Herr Armstrong anerkennend meinte: „Ausgezeichnete Reaktion, mein lieber Herr Pluto." Nur Timo schaute auf einmal ganz ernst. „Herr Armstrong", fragte er besorgt, „haben wir denn auch bestimmt genug zu essen und zu trinken dabei, die Schränke sind so klein." „Keine Sorge, Herr Timo, das Essen ist schon zubereitet und liegt in kleinen Paketen bereit. Die Vorräte sind genau auf die Länge unserer Reise berechnet." „Das heißt, wir könnten uns nicht heute umentscheiden, doch bis zum Mars zu fliegen?", fragte Schnuppe. „Genau", meinte Armstrong, „eine Marsreise würde zu lange dauern und noch ganz andere Vorräte wie zum Beispiel viel mehr Treibstoff benötigen. Mit dem Wasser hätten wir auf dem Mars allerdings kein Problem. Genosse Gagarin und ich haben eine patente kleine Maschine konstruiert, mit der wir auf der nächsten Mission auf dem Mars Wasser gewinnen können." Timo nickte strahlend: „Dann bau doch bald noch eine Maschine, die uns blitzschnell zum Mars hinbringt, dann fliegen wir alle das nächste Mal wieder mit, stimmt's?"

Weltall

Frage:
Wie gewinnt man Wasser auf dem Mars?

Mit dem Teleskop hat man schon früh entdeckt, dass es auf dem Mars viele Täler gibt, die wie Flussläufe aussehen. Heute findet man aber dort keine Seen und Flüsse. Hat es sie einmal auf dem Mars gegeben? Das hat die Wissenschaftler lange beschäftigt.

Endlich, im Sommer 2008, entdeckte die amerikanische Marssonde *Phoenix* zum ersten Mal Wasser auf dem Mars. Das Wasser konnte jedoch nicht in flüssiger Form, sondern nur als Eis im Boden gefunden werden.

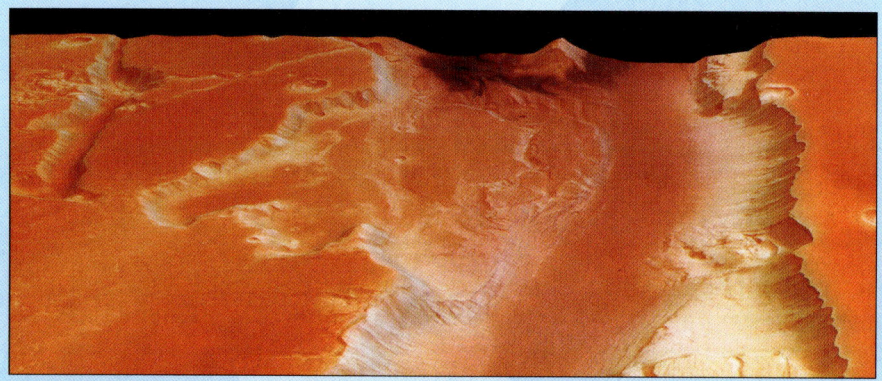

Wie man auf dem Mars Wasser gewinnen kann, zeigt dir das folgende Experiment.

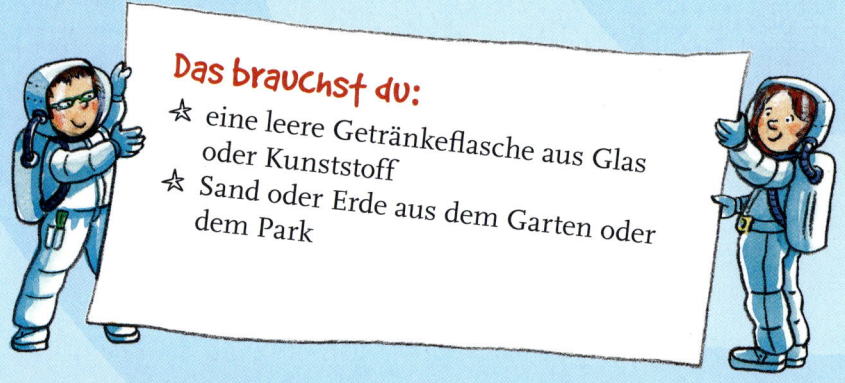

Das brauchst du:

- ✷ eine leere Getränkeflasche aus Glas oder Kunststoff
- ✷ Sand oder Erde aus dem Garten oder dem Park

Zur Vorbereitung:

Um dein Ergebnis besser sehen zu können, entfernst du am besten zuerst das aufgeklebte Papier von der Flasche. Lege es dazu in etwas warmes Wasser ein und füge ein paar Tropfen Spülmittel hinzu. Nach einigen Minuten lässt sich das Papier ablösen.
Fülle nun die Flasche zur Hälfte mit Sand oder Erde auf.

Nun geht's los:

Lege die verschlossene Flasche waagrecht in die Sonne oder an einen warmen Ort (Heizkörper). Nach etwa einer halben Stunde sieht man auf der Innenseite der Flasche viele kleine Wassertröpfchen. Trage die Flasche vorsichtig zum Kühlschrank und lege sie ebenfalls waagrecht dort hinein. Nach einer weiteren halben Stunde kannst du dir das Ergebnis ansehen.

Erklärung:

In Sand und Erde befindet sich immer etwas Wasser, auch wenn es schon einige Zeit nicht mehr geregnet hat. Durch die Wärme der Sonne bzw. des Heizkörpers verdunstet das Wasser und geht in die Luft über, die sich in der Flasche befindet. Wenn die Luft sehr feucht geworden ist, bilden sich kleine und später immer größere Wasser-tropfen. Durch Abkühlung der Luft geschieht das noch viel besser, denn kühle Luft kann nicht so viel Wasser aufnehmen wie warme. Astronauten, die vielleicht einmal auf dem Mars landen, könnten mit dieser Methode Wasser aus dem Boden gewinnen und es zum Trinken nutzen. Ohne Wasser können nicht überleben!

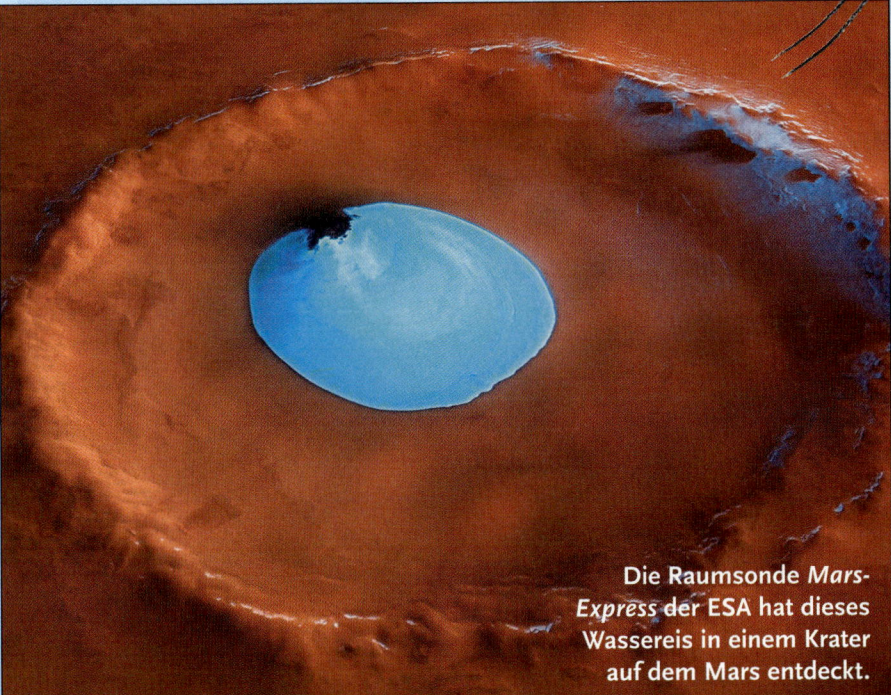

Die Raumsonde *Mars-Express* der ESA hat dieses Wassereis in einem Krater auf dem Mars entdeckt.

Herr Armstrong kann Fremdsprachen

„Schaut nur, der Mond", rief Opa nach zwei Tagen auf einmal. „Er ist jetzt zum Greifen nah." Schnuppe war ganz aufgeregt: „Die riesigen Löcher und Berge, jetzt verstehe ich, warum der Mond ein Gesicht hat: Der ist überhaupt keine glatte Kugel." Albertina lachte und sah zu Opa hin: „Jetzt bist du sogar in Wirklichkeit bis zum Mond geflogen, Opa, und nicht nur im Traum!" Herr Armstrong blinkte erfreut, als er seine Mannschaft so glücklich sah, und setzte wie immer sofort zu einer Erklärung an: „Die Löcher auf dem Mond sind Krater. Sie entstanden, als im Verlauf der Zeit Gesteinsbrocken auf dem Mond eingeschlagen sind. Diese Steine heißen Met ..." Meteoriten wollte er wohl sagen, fuhr aber stattdessen fort: „Nice to meet you, Mister Schnuppe. We've had a problem." „Hey, Armstrong", rief Timo, „wir sind's." Aber der Roboter redete unverständlich weiter: „Hola, Señor Timo, hay problemas." Opa und die Kinder schwebten ratlos um den mittlerweile Chinesisch sprechenden Armstrong herum und redeten alle gleichzeitig auf ihn ein. Völlig erfolglos, von Armstrong kam lediglich ein nicht enden wollender Wortschwall in den verschiedensten Sprachen. Offenbar war er wieder ganz vorne in seinem Programm angekommen, denn er wiederholte auf Englisch: „We've had a problem." Und das war ein Glück, denn nun konnte Opa ihm auf Englisch antworten und fragen, was denn um Himmels willen los sei. Armstrong erklärte ihm – natürlich auch auf Englisch –, dass ein kleiner in der Kabine herumfliegender Fremdkörper durch einen Spalt in sein Sprachzentrum gelangt sei und dort die deutsche Sprache blockierte. Opa übersetzte für alle Armstrongs Worte: „Mit einer kleinen Operation durch jemanden mit einer ruhigen Hand wäre das aber zu lösen. Allerdings müsste ich dafür kurz ausgeschaltet werden. Gagarin könnte von der Bodenstation aus die Kontrolle aller Instrumente so lange übernehmen." Opa musterte kurz seine Hände und schüttelte den Kopf. „Von ruhigen Händen kann bei mir nicht mehr die Rede sein. Albertina, würdest du vielleicht ...?" Albertina war ganz mulmig zumute, sie hatte mächtig Angst, etwas kaputt zu machen. Aber als Timo sagte: „Also, wir brauchen Herrn Armstrong, und wenn du dich nicht traust, mach's ich", stand ihre Entscheidung fest: „Ich kann das schon", sagte sie trotzig. „Was brauche ich denn für die Operation?" Nach einigem Hin und Her zwischen Opa und Armstrong, der ein bisschen blass um den Monitor wirkte, hielten Schnuppe, Timo, Opa und Albertina einiges Werkzeug und einen Mini-Staubsauger bereit und schwebten unentschlossen um Armstrong herum. Plötzlich rief Gagarin über eines der Kommandopulte von vorne: „Genossen Kosmonauten, jetzt bringt es schon hinter euch, schaltet ihn ab. Gleichzeitig den gelben, den roten und den Knopf mit dem Warndreieck drücken. Genauso geht er auch wieder an." Besorgt drückte Opa die drei Schalter, und tatsächlich erloschen sofort alle Lampen von Herrn Armstrong.

Albertina öffnete geschickt eine kleine Platte an Armstrongs Gehäuse und gab sie Timo zum Halten, bevor sie durchs Raumschiff schweben konnte. Sie spähte ins Innere und sah zwischen viel Metall und Kabeln etwas, das sie stutzen ließ. Ohne Frage steckte dort eingeklemmt etwas, das ziemliche Ähnlichkeit mit einem großen Kekskrümel hatte. Nach einem kurzen strengen Blick auf Timo griff sie mit der Pinzette danach, zeigte es den anderen und ließ es von Schnuppe wegsaugen. Rasch verschraubte sie die Platte, und Opa schaltete Herrn Armstrong sofort wieder an. Alle starrten auf den kleinen Roboter und warteten sehnsüchtig auf ein Lebenszeichen.

Mond und Mars

Frage:

Wie entstehen Einschlagkrater?

Auf dem Mond und auf Planeten kann man viele Krater sehen. Sie sind entstanden, weil Meteoriten auf der Oberfläche eingeschlagen sind. Meteoriten sind sehr große Gesteinsbrocken aus dem Weltall. Mit dem folgenden Experiment kannst du einen eigenen Krater herstellen.

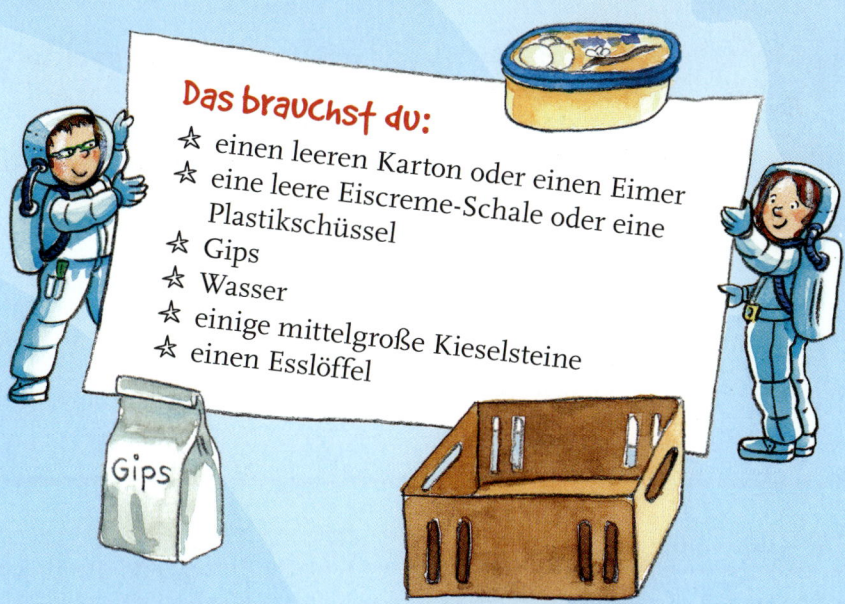

Das brauchst du:

- ✫ einen leeren Karton oder einen Eimer
- ✫ eine leere Eiscreme-Schale oder eine Plastikschüssel
- ✫ Gips
- ✫ Wasser
- ✫ einige mittelgroße Kieselsteine
- ✫ einen Esslöffel

Nun geht's los:

Gehe nach draußen. Fülle dort die Eiscreme-Schale zu einem Viertel mit Wasser und streue langsam immer mehr Gips hinein, bis nichts mehr versinkt. Mit dem Esslöffel solltest du den Gipsbrei nur kurz rühren. Stelle nun die Schale in den Karton, damit es nachher nicht so stark spritzt.

Wenn der Gips so dick wie Griesbrei geworden ist, wirf einen Kieselstein in die Schale. Weil der Gips jetzt bald zäher und schließlich fest wird, wiederhole diesen Vorgang, bis du ein paar schöne Krater bekommen hast.

Nimm den festen Gipsblock aus der Schale. Es kann nun einige Tage dauern, bis der Gips getrocknet ist. Dann kannst du die Krateroberfläche mit brauner Wasserfarbe anmalen.

Herr Armstrong meldet sich zurück

Armstrong hatte es nach der Operation offensichtlich gänzlich die Sprache verschlagen. Er leuchtete zwar wie ein Christbaum, sagte aber kein Wort. „Verflixt und zugenäht", fluchte Opa, „ohne Armstrong sind wir aufgeschmissen." Alle wünschten sich, Herr Armstrong würde wenigstens wieder Chinesisch reden. „Herr Armstrong", flehte Albertina, die sich persönlich verantwortlich fühlte, „sag doch was!" Schnuppe wandte sich gerade um und wollte Gagarin um Hilfe bitten, als Armstrong plötzlich ein knallendes Geräusch von sich gab, das ein Roboter-Räuspern hätte sein können, und sich mit einem: „Li-liebe Herrschaften Astronauten, Papperlapappschnickschnack, O-Operation ninicht der Rerede wert" zurückmeldete. Alle waren erleichtert, Timo umarmte den Roboter sogar. „Aber Sie stottern ja, Herr Armstrong", bemerkte Opa, „haben wir etwas falsch gemacht?" „Nei-nein", antwortet Armstrong, „da-das muss die Aufregung sein."

Jetzt, wo mit Herrn Armstrong weitgehend alles in Ordnung zu sein schien, wandte sich Albertina sofort vorwurfsvoll an ihren Bruder: „Timo?", fragte sie scharf. „Wo kommt denn der Kekskrümel her? Du weißt doch, dass in einem Raumschiff nichts rumfliegen darf." Timo schaute bedrückt auf den Boden und murmelte etwas von einer Notration, als Herr Armstrong Albertinas Schimpfen unterbrach: „Werte Frau Albertina, bitte nicht mit Herrn Timo schimpfen. Alles ist gut gegangen, und ich fühle mich aufs Angenehmste gesäubert. Eine dahingehende Wartung wäre ohnehin in Kürze nötig gewesen." Timo streckte seiner Schwester die Zunge raus und hätte am liebsten einen Freudentanz aufgeführt. Doch er wollte in der Schwerelosigkeit auf keinen Fall mit Albertina zusammenstoßen, die ihn immer noch stinksauer anguckte.

„Wo waren wir stehen geblieben?", fragte Herr Armstrong, der offensichtlich durch nichts aus der Ruhe zu bringen war. „Ah ja, Meteoriten und Mondkrater. Meteoriten sind große Gesteinsbrocken, die durch den Weltraum fliegen und manchmal auf andere Objekte im All stoßen. Zum Beispiel auf den Mond oder auch auf die Erde." Schnuppe unterbrach Armstrong und sagte: „Ja, ich weiß, es gibt riesige Einschlagstellen von Meteoriten, die viel größer als ein Fußballfeld sein können, aber natürlich rund sind – so wie die Mondkrater eben." „Auf Lanzarote haben wir im Urlaub auch große Krater gesehen, aber die waren dort, wo vorher Vulkane ausgebrochen sind, stand jedenfalls im Reiseführer", mischte sich auch noch Albertina ein. Herr Armstrong blinkte verzweifelt, weil er keine Chance hatte, seinen Vortrag ungestört fortzusetzen. „Beide haben Sie recht, meine lieben Astronauten, beide. Es gibt auch Krater vulkanischen Ursprungs, übrigens auch auf dem Mars, wie wir seit einiger Zeit wissen. Wenn wir auf der Erde gelandet sind, empfehle ich Ihnen ein hübsches Experiment, mit dem Sie einen langweiligen Sandkasten in Nullkommanix zu einer wunderschönen Marslandschaft umgestalten können."

Mond und Mars

Frage:
Wie entstehen Vulkankrater?

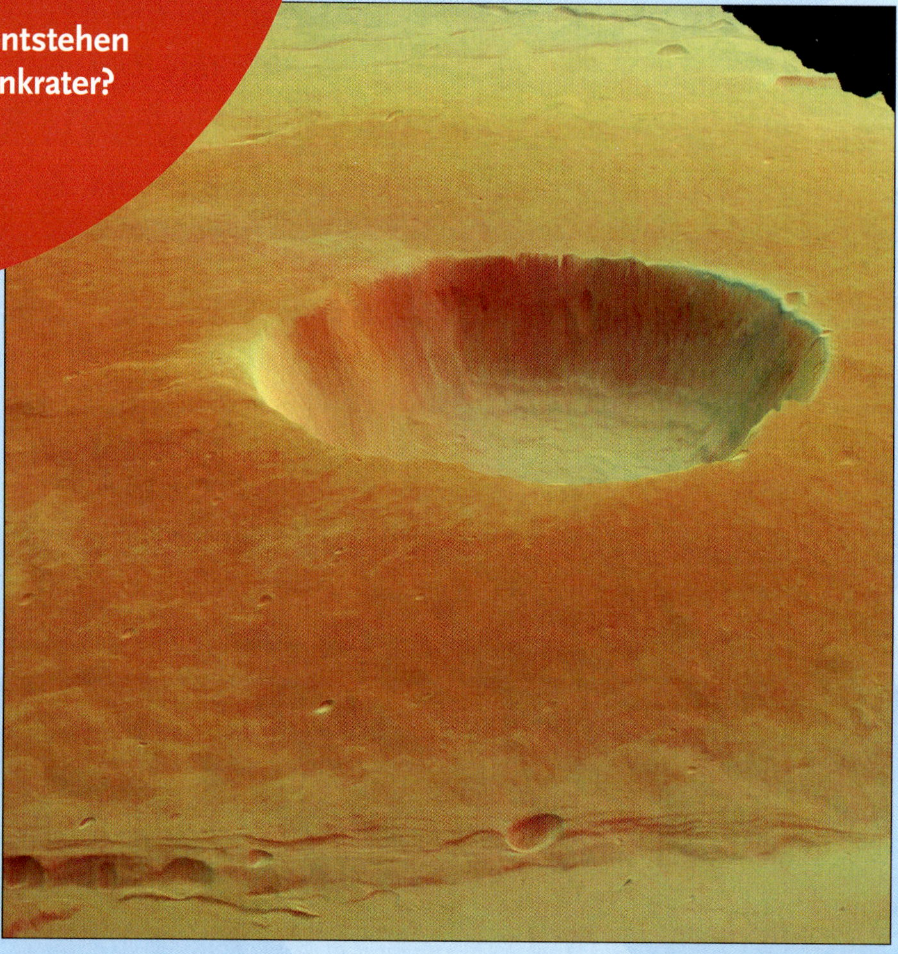

Auf dem Planeten Mars hat die ESA-Raumsonde „Mars Express“ Krater entdeckt, die nicht durch Meteoriteneinschläge, sondern durch Vulkanausbrüche entstanden sind. Wie sie entstehen, zeigt dieses Experiment.

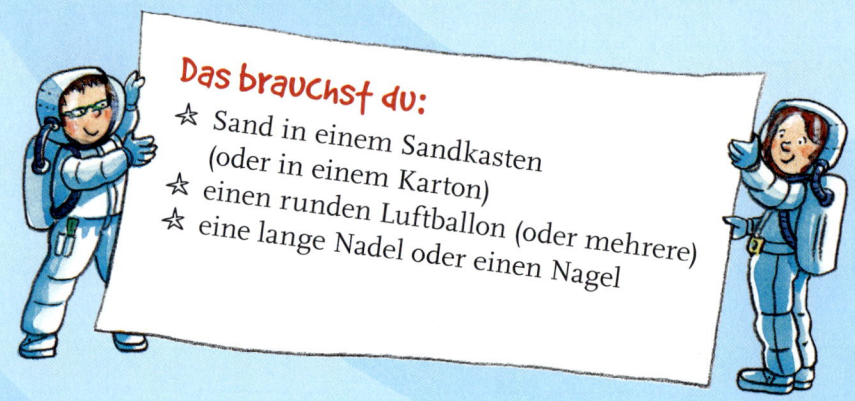

Das brauchst du:
☆ Sand in einem Sandkasten (oder in einem Karton)
☆ einen runden Luftballon (oder mehrere)
☆ eine lange Nadel oder einen Nagel

Nun geht's los:

Im Sandkasten hebst du eine Vertiefung aus, in die der aufgeblasene Ballon gelegt werden kann. Decke den Ballon mit einer Sandschicht zu.

Nun stich mit der Nadel von oben in den Luftballon, sodass er platzt. Pass auf, dass dir der Sand nicht in die Augen fliegt! Verwende am besten eine Schutzbrille. Was stellst du anschließend fest?

Übrigens:
Wenn der Sand trocken ist, funktioniert das Experiment am besten!

Erklärung:

In einem Vulkan gibt es heiße Gase und flüssiges Gestein – das Magma. Wenn ein Vulkan ausbricht, entweicht das Gas, und es bilden sich Magmaströme. Wenn das Gas entströmt ist, bricht die Oberfläche ein, und es entsteht ein Krater. Auf der Erde gibt es sogenannte Caldera-Krater auch, z.B. auf der Insel Lanzarote oder in Deutschland in der Eifel. Dort haben sich diese Caldera-Krater mit Wasser gefüllt. Sie heißen „Maare".
Wenn du dieses Experiment im Sandkasten mit mehreren Ballons wiederholst, erhältst du eine richtige Marslandschaft!

Herr Armstrong macht einen Witz

Schnuppe wachte auf und rieb sich die Augen. Zu Hause wäre er jetzt ins Badezimmer getapst und hätte sich dann an den Frühstückstisch gesetzt. Stattdessen schnallte er sich ab, verstaute seinen Schlafsack und benutzte das Absaugklo. Normalerweise war er überhaupt nicht wild darauf, sich zu waschen. Aber heute hätte er sich ein Waschbecken mit Wasser gewünscht. Doch nach den rumschwirrenden Orangensaftkugeln von Opa konnte er sich gut vorstellen, was mit seinem Waschwasser passieren würde. Also griff er seufzend zu den feuchten Tüchern, die im Weltraum das fließende Wasser ersetzen.

Herr Armstrong rief ihn zu sich: „Guten Morgen, lieber Herr Schnuppe", sagte er leise, um die anderen nicht zu wecken, „genießen Sie die letzten Stunden in der Mondumlaufbahn. In Kürze begeben wir uns wieder auf den Weg zur Erde." Schnuppe sah zum Mond hinüber und bestaunte noch mal dessen von großen und kleinen Kratern übersäte Oberfläche. „Weißt du was, Herr Armstrong?", fragte er. „Ich bin froh, dass ich auf der Erde wohne. Da ist es wirklich schöner, mit all dem Wasser, den Pflanzen und so." Albertina war inzwischen mit Opa dazugekommen und nickte: „Finde ich auch. Es ist zwar irre aufregend, einmal so nah am Mond zu sein. Aber wenn ich aus dem Fenster gucke und die Erde sehe, kribbelt's richtig in meinem Bauch vor Freude." „Meine Herrschaften Astronauten", sagte Herr Armstrong und ließ ein fröhliches Christbaum-Blinken folgen, „dann freut es mich, Ihnen mitteilen zu können, dass ich soeben mit der Bodenstation unseren Wiedereintritt in die Erdatmosphäre auf 15.15 Uhr Ortszeit in drei Tagen festgelegt habe." Die ganze Besatzung jubelte.

„Alles klar, Pluto 1?", ertönte nach zwei Stunden Vorbereitungen schließlich Gagarins Stimme. „Am Ende des ersten Countdowns zündet Kosmonautin Albertina das Triebwerk zum Verlassen der Mondumlaufbahn." „Verstanden, Bodenstation", antwortete Albertina. Alles verlief genau so, wie sie es mit Herrn Armstrong geübt und abgesprochen hatten.

Die drei Tage Rückweg zur Erde nach dem Zünden des Triebwerkes verliefen eher langweilig. Die Kinder spielten mit Opa Schiffe versenken. Schnuppes Vorschlag, das Ganze in Raumschiffe versenken umzubenennen, hatte Opa gar nicht witzig gefunden. „Das", versuchte er im Rahmen der Witz-Schulung Herrn Armstrong zu erklären, „ist ein schlechter Witz, wenn man gerade selbst in einem Raumschiff unterwegs ist, verstehen Sie?"

Spannender wurde es, je näher die PLUTO der Erde kam.

„Der Eintritt in die Erdatmosphäre, liebe Astronauten", hatte Herr Armstrong erklärt, „gilt neben dem Start als schwierigster Teil jeder Weltraummission."

Daher nickten die fest angeschnallten Besatzungsmitglieder nur etwas zaghaft, als Gagarin schließlich fragte: „Alles bereit für den Wiedereintritt?" Keiner sagte etwas. „PLUTO 1?", fragte Gagarin, „erbitte Antwort. Könnt ihr mich hören?" „Bereit", antwortete Albertina. Sie hatte sich als Erste wieder daran erinnert, dass Gagarin sie, wenn die Kamera ausgeschaltet war, nicht sehen, sondern nur hören konnte. „Übt ihr schon für die dreiminütige Funkstille, die wir gleich beim Eintritt in die Erdatmosphäre haben werden?", fragte Herr Armstrong. „Gratulation, Herr Armstrong", rief Opa, „das war soeben Ihr erster gelungener Witz, da kann die Landung doch nur gut gehen!"

Jetzt ging alles ganz schnell. Die Raumkapsel tauchte in die Erdatmosphäre ein und wurde planmäßig abgebremst. Gagarin und Herr Armstrong hatten offensichtlich mal wieder alles richtig gemacht.

Die Erde

Frage:

Wie funktioniert der Wiedereintritt in die Erdatmosphäre?

Wenn die Raumkapsel mit den Astronauten wieder in die Lufthülle der Erde eintritt, wird sie stark abgebremst. Dass Luft abbremst, merkt man z.B. wenn man beim Autofahren die Hand aus dem Fenster hält. Durch die Reibung mit der Luft wird das Raumschiff sehr heiß.

Atmospheric re-entry Demonstrator der ESA. Unbemannte Kapsel, die 1998 getestet wurde.

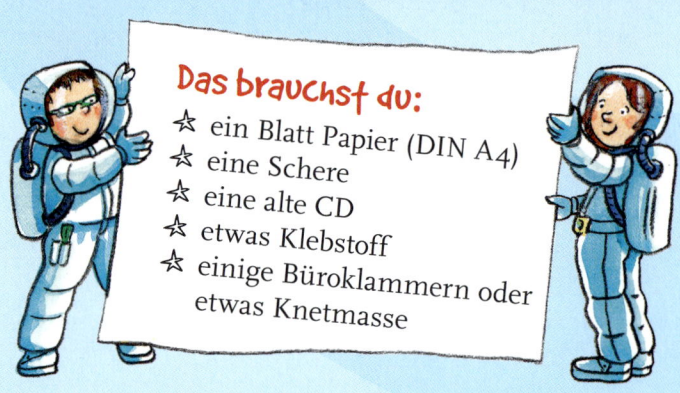

Das brauchst du:

★ ein Blatt Papier (DIN A4)
★ eine Schere
★ eine alte CD
★ etwas Klebstoff
★ einige Büroklammern oder etwas Knetmasse

Zur Vorbereitung:

Lege die CD auf das Blatt Papier und zeichne entlang der Außenkante mit einem Stift einen Kreis auf.

Nun musst du noch den Mittelpunkt des Kreises markieren. Er ist genau in der Mitte der kleinen CD-Öffnung. Ein kleiner Punkt genügt. Schneide den Kreis aus.

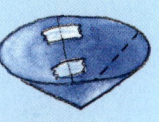

Wie in der Zeichnung zu sehen ist, musst du jetzt vom Rand zum Mittelpunkt einen Schnitt machen.

Forme den Kreis nun zu einem kleinen Trichter und verklebe ihn.

Nun geht's los:

Hebe deine fertige Raumkapsel in die Höhe und lasse sie los. Wie fällt sie zur Erde? Nun kannst du den Versuch noch etwas abändern: Lege in den Trichter zuerst eine, dann mehrere Büroklammern. Wie verhält sich deine Raumkapsel jetzt?

Erklärung:

Im luftleeren Weltraum fallen alle Dinge gleich schnell zu Boden, ob du nun eine Feder nimmst oder einen Hammer. Das Gewicht spielt nämlich beim Fallen keine Rolle. Anders verhält es sich in der Atmosphäre: Die Luft bremst ein Raumschiff umso stärker ab, je größer es ist. Ist mehr Gewicht an Bord, kann das Raumschiff die Luft besser zur Seite wegdrücken und fällt daher etwas schneller zur Erde. Wie Du sicherlich auf dem Bild hier links bemerkt hast, ist das Raumschiff nicht mit der Spitze nach unten in die Atmosphäre eingetreten. Damit wollte man erreichen, dass die Kapsel noch stärker abgebremst wird. Allerdings wird die Kapsel dadurch sehr heiß. Durch eine besondere Beschichtung an ihrem Boden wird jedoch verhindert, dass sie verbrennt.

Glücklich gelandet

Der Hitzeschutzschild ihrer Raumkapsel funktionierte. Allerdings wurden alle ordentlich durchgeschüttelt.

Timo war sehr gespannt, wo sie landen würden. „Wartet's nur ab!", hatte Herr Armstrong geheimnistuerisch gesagt und sich geweigert, irgendetwas zu verraten. Und auch Gagarin hatte dicht gehalten, als Albertina ihn heimlich gefragt hatte.

„Jetzt die Brems-Fallschirme", lautete Armstrongs nächste Anweisung. Ihr rasend schneller Fall zurück zur Erde musste noch weiter abgebremst werden. Die Schwerkraft zog ja wieder an ihnen, erinnerte sich Opa an die Unterrichtsstunde zum Thema Landung. War das lange her! Nun lag ihr Weltraumflug schon fast hinter ihnen.

Majestätisch hielt ihre Kapsel an drei rot-weiß gestreiften Riesenfallschirmen auf die Oberfläche eines türkis schimmernden Meeres zu und landete einigermaßen sanft im Wasser.

Zuerst sprach keiner ein Wort, bis Herr Armstrong in die Stille hinein sagte: „Willkommen zurück auf der Erde, meine lieben Astronauten. Wasserung erfolgreich beendet. Sie können sich nun abschnallen."

Dann erst brach Jubel los. „Wie schön, wieder hier zu sein", meinte Opa Pluto, „aber mir tut alles weh." „Mir auch", pflichtete Schnuppe ihm bei. Herr Armstrong bestätigte: „Das ist immer so nach einem Weltraumflug, meine werten Mitpassagiere, ich als Roboter bin selbstverständlich erfreulicherweise nicht davon betroffen. Einer der vielen Vorteile des Roboterdaseins." Mühsam bewegten die Astronauten ihre Arme und Beine. „Wie nach der endlosen Wanderung in den Dolomiten, als wir uns verlaufen haben und Papa es nicht zugegeben hat", meinte Albertina stöhnend. „Jetzt mal Schluss mit dem Gejammer!", erklang auf einmal Gagarins fröhliche Stimme. „Wir gratulieren zur erfolgreichen Landung, Genossen Kosmonauten."

Fast im gleichen Moment wurde die schwere Kapseltüre geöffnet, und Gagarin grinste hinein: „Na, du alter Schrotthaufen", begrüßte er Herrn Armstrong, „Bin ich froh, dich heil zu sehen." „Schrotthaufen, so eine Frechheit", gab Herr Armstrong fröhlich blinkend zurück und freute sich offenbar genauso, seinen ESAFKI-Partner zu sehen, wie umgekehrt: „Pass auf, dass du nicht ins Wasser fällst, Genosse Gagarin. Sonst rostest du noch mehr!"

Opa blickte belustigt von einem zum anderen. „Die Wiedersehensfreude der Herren Roboter ist schön mitzuerleben. Ich würde es aber doch sehr begrüßen, wenn Sie uns nunmehr behilflich sein könnten, die Pluto zu verlassen."

„Wer holt uns denn ab?", fragte Timo besorgt, als er sah, wie sich hilfreiche Arme durch die Tür nach ihm ausstreckten. Er konnte Opas verschmitztes Lächeln nicht sehen, als der sagte: „Ach, nur ein paar Weltrauminteressierte, die Gagarin auf meine Bitte hin mitgebracht hat."

Die Erde

Frage:

Wie landet ein Raumschiff mit einem Fallschirm?

Atmospheric re-entry Demonstrator der ESA

Bei der Rückkehr der ersten Menschen vom Mond wurden Fallschirme verwendet, die die Raumkapsel so abbremsten, dass sie nicht zu schnell im Wasser landete. Die Herstellung deines eigenen Fallschirms ist nicht ganz einfach. Sicher helfen deine Eltern dir dabei!

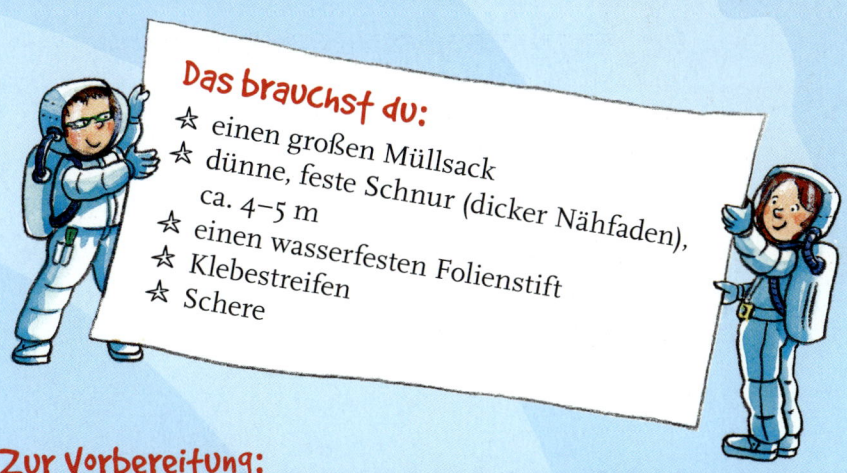

Das brauchst du:

* einen großen Müllsack
* dünne, feste Schnur (dicker Nähfaden), ca. 4–5 m
* einen wasserfesten Folienstift
* Klebestreifen
* Schere

Zur Vorbereitung:

Lege den Sack flach auf dem Tisch aus.
Zuerst musst du den Müllsack an der einen Seite von
oben nach unten aufschneiden (im Bild die untere rote Linie).
Nun machst du noch am Boden des Sacks einen geraden Schnitt
(rote Linie im Bild rechts).
Jetzt kannst du den Sack aufschlagen,
und es entsteht eine viereckige Folie.
Zeichne in der Mitte der Folie ein
kleines Kreuz. Das soll der Mittelpunkt des Fallschirms sein.

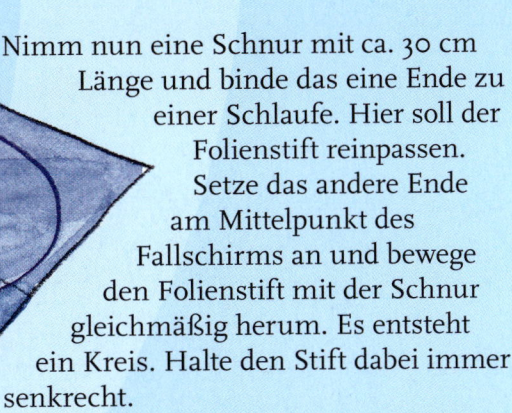

Nimm nun eine Schnur mit ca. 30 cm
Länge und binde das eine Ende zu
einer Schlaufe. Hier soll der
Folienstift reinpassen.
Setze das andere Ende
am Mittelpunkt des
Fallschirms an und bewege
den Folienstift mit der Schnur
gleichmäßig herum. Es entsteht
ein Kreis. Halte den Stift dabei immer
senkrecht.
Nun kannst du den Fallschirm mit der
Schere ausschneiden.

Frage:

**Wie landet ein Raum-
schiff mit einem
Fallschirm?**

In die Mitte des Fallschirms kannst du ein
kleines, kreisrundes Loch schneiden, damit
der Fallschirm später besser fliegt.

An acht Stellen am Rand des Fallschirms müssen
kleine Löcher gemacht werden. Dafür kannst du
einen dicken Nagel nehmen.

Fertige nun acht Schnüre an, mit jeweils 30–40 cm Länge.
Nach dem Einfädeln durch die acht Löcher solltest du die
Schnüre fest mit dem Fallschirm verknoten.

Nimm alle acht Schurenden und binde sie zu einem Knoten zusammen. Achte darauf, dass die Schnüre etwa gleich lang sind.
Nun kannst du unten an den Fallschirm noch eine Spielfigur oder ein
anderes Gewicht anhängen.

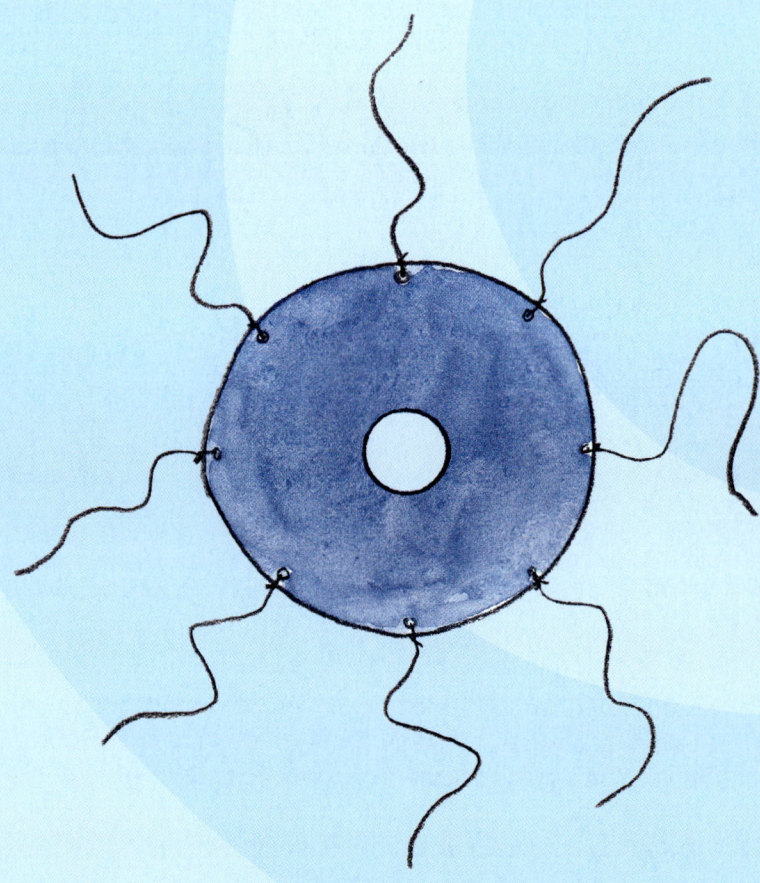

Nun geht's los:

Zuerst muss der Fallschirm zusammengefaltet werden. Lege die Plastikfolie zu einem Schlauch zusammen und rolle sie dann vorsichtig ein. Am Schluss wickelst du die Schnüre um das Folienpäckchen. Achte darauf, dass die Schnüre sich nicht verheddern.

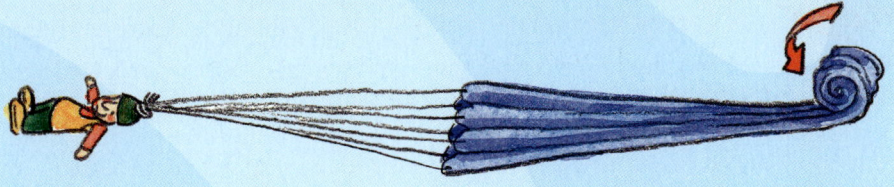

Nun geht's nach draußen! Vermeide die Nähe von Bäumen. Wirf den eingewickelten Fallschirm mit großer Wucht in die Luft. Wenn du hoch genug geworfen hast, rollt er sich automatisch auf und landet langsam auf dem Boden. Übrigens kann man den Fallschirm mit einer Schleuder auf eine noch größere Höhe bringen.

Erklärung:

Damit der Fallschirm niedergeht, muss die Luft unter dem Schirm ausweichen. Der Schirm erhöht den Luftwiderstand, sodass das Raumschiff darunter nicht so schnell zur Erde fällt.

Durch das kleine Loch im Fallschirm strömt etwas Luft oben durch. Dadurch fällt der Fallschirm ein klein wenig schneller, fliegt aber auch etwas gleichmäßiger.

Noch eine kleine Frage zum Schluss

Timo dachte noch, dass ihm die Armbanduhr des Mannes, der ihn aus der Pluto hob, irgendwie bekannt vorkam, als er Albertina schon von hinten rufen hörte: „Papa, Papa." Papa drückte ihn fest und gab ihn weiter an Mama, die ihn gar nicht mehr loslassen wollte. Papa half allen aus der Kabine an Bord des großen Schiffes, das neben der Pluto im Wasser dümpelte. Jeder umarmte jeden, und alle redeten wild durcheinander. „Heinrich, ich muss mich doch sehr wundern!", hörte Albertina schließlich die Stimme ihrer Mutter zu Opa sagen: „So einfach mit den Kindern ins All zu fliegen." „Hier gibt's gar keinen Heinrich, Mama", mischte sie sich ein. „Darf ich vorstellen: Astronaut Pluto, ältester Besucher der Mondumlaufbahn." Opa nickte gerührt, weil Albertina ihn so nett in Schutz nahm: „Und Kinder, also ich meine gewöhnliche Kinder, sind hier auch nicht anwesend. Nur die drei jüngsten Astronauten der Welt: mutige, neugierige Weltraumforscher..." Herr Armstrong beendete Opas Satz „Und die besten Freunde, die man im All finden kann, sogar als Roboter!"

„Wir sind einfach nur froh, dass alle gesund und munter wieder gelandet sind", sagte Albertinas und Timos Vater. „Als Gagarin uns im Urlaub ausfindig gemacht, uns die ganze Geschichte erzählt und uns für die Landung hierher gebeten hatte, haben wir erst an einen Witz geglaubt." „Aber Papa", sagte Timo ernsthaft, „wusstest du denn nicht, dass Roboter gar keine Witze machen können?" „Außer ein besonders schlauer", sagte Schnuppe mit Blick auf Armstrong, der blinkend errötete. „Na jedenfalls", sagte Papa, „ihr seid hier, und wir freuen uns schrecklich auf euren Reisebericht und danken den Herren Armstrong und Gagarin, dass sie den Ort der Landung in die Nähe unseres Urlaubsortes gelegt haben!" „Oh, keine Ursache", entgegnete Gagarin, „Sonderwünsche sind unsere Spezialität."

Die Eltern warteten, dass die Kinder und Opa von einer medizinischen Untersuchung zurückkommen würden. „Die ganze Aufregung nur, weil dir immer zu kalt in Deutschland ist", sagte Papa zu Mama, „wenn wir dageblieben wären, wären sie bestimmt nicht geflogen." Mama schüttelte den Kopf und erwiderte: „Das glaubst du doch nicht im Ernst. Dein Vater hat sich noch nie von seinen verrückten Plänen abbringen lassen." Papas Augen leuchteten, als er sagte: „Also, wenn sie in den nächsten Sommerferien zum Mars fliegen, fliege ich auch mit!" Mama sagte lächelnd: „Hab' ich's mir doch gedacht. Aber das nächste Mal gebe ich euch zumindest einen Kompass mit, damit ihr den Weg zurück bestimmt findet..."

Gerade war Albertina aus dem Untersuchungszimmer gekommen und hatte den letzten Teil der Unterhaltung aufgeschnappt. „Wie", fragte sie plötzlich, „funktioniert eigentlich so ein Kompass?" „Der Weltraum hat dich kein bisschen verändert, mein Mädchen", sagte Mama, „kaum zurück auf der Erde, schießt dir die nächste Frage ein." „Und wir haben kein Lexikon dabei", bedauerte Papa im Spaß. „Aber ihr habt doch mich", sagte Schnuppe, der gerade mit Timo und Opa dazustieß: „Wenn wir wieder zu Hause sind, kann ich euch sogar zeigen, wie man selber einen Kompass bauen kann. Aber im Weltraum funktionieren Kompasse ja leider nicht."

Opa schaltete sich ein: „Sollen wir vorher nicht lieber alle noch mal zum Baden fahren, wenn das schon auf dem Neptun nichts geworden ist? Schließlich sind immer noch Sommerferien – auch für kleine Weltraumforscher!"

Die Erde

Frage:
Wie baut man einen Kompass?

Das brauchst du:
- ★ eine Näh- oder Stecknadel
- ★ einen Magneten
- ★ eine Flaschenverschluss
- ★ einen wassergefüllten Teller
- ★ einen Klebestreifen

Zur Vorbereitung:

Kopiere diese Seite und schneide die „Windrose" kreisförmig aus. Klebe nun die Windrose auf den Flaschenverschluss.

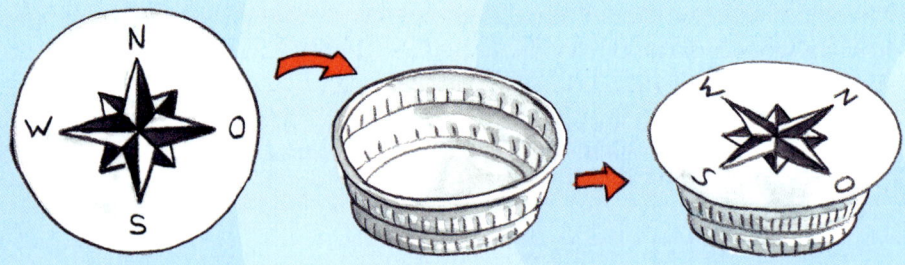

Nun geht's los:

Streiche den Magneten an der Nadel entlang von der Spitze zum Ende. Nun hebe den Magneten ab, setze ihn wieder auf die Spitze und streiche ihn wieder bis zum Ende. Wiederhole den Vorgang mehrere Male. Bewege den Magneten an der Nadel aber nicht hin und her! Bringe den Magneten nun einige Meter weit weg. Dann lege die Nadel auf die Windrose, sodass sie von „S" (Süden) nach „N" (Norden) zeigt.

Setze den fertigen Kompass auf den wassergefüllten Teller und beobachte, was passiert!
Wenn du den Flaschenverschluss loslässt, beginnt er plötzlich, sich zu drehen.
Nach einer bestimmten Zeit zeigt die Nadel immer in die gleiche Richtung.

Ob diese Richtung nun „Norden" ist, muss noch überprüft werden.
Deine Eltern helfen sicher dabei, festzustellen, wo Norden ist. Dazu stellt man sich am frühen Morgen mit dem Gesicht zum Sonnenaufgang und streckt den linken Arm aus. Dort ist „Norden".
Wenn die Nadelspitze richtig auf Norden zeigt, kannst du die Nadel mit einem Klebestreifen auf der Windrose ankleben.
Wenn sie nach „S" (Süden) zeigt, musst du die Nadel zuvor einfach herumdrehen.

Erklärung:

Bei uns funktioniert so ein einfacher Kompass nur, weil die Erde selbst ein großer Magnet ist. Unsere Nadel zeigt immer zum Nordpol der Erde, weil sich die Magnetpole der Erde und unseres Kompasses gegenseitig anziehen.
Für den Flug durch das Weltall ist ein Kompass nicht geeignet. Wenn man weit von der Erde entfernt ist, wirkt deren Magnetfeld kaum noch.
Manche Planeten besitzen nur ein sehr schwaches Magnetfeld (Mars, Merkur) oder gar keines (Venus).

Grußwort an alle „kleinen Weltraumforscher"

Der Weltraum mit all seinen Geheimnissen ist absolut faszinierend. Als ich im Jahre 1993 ins Weltall flog, war es für mich zum Beispiel verblüffend zu merken, dass es dort oben kein Tag und Nacht gibt. Nur wenn man einmal auf die Schattenseite der Erde fliegt, wird es dunkel. Aber dieser Teil des Weltraums ist verschwindend klein gegenüber dem Rest, wo die Sonne immer scheint!

Natürlich dürfen die Astronauten nicht immer aus dem Fenster schauen und staunen, wenn sie im Weltraum sind. Sie müssen in der Schwerelosigkeit wissenschaftliche Experimente durchführen. Damit sollen Dinge herausgefunden werden, die man auf der Erde nicht herausfinden kann, weil es dort nie Schwerelosigkeit gibt.

Im vorliegenden Buch könnt ihr selber kleine Weltraumforscher werden und interessante Experimente ausprobieren. Dabei wünsche ich euch viel Spaß und spannende Unterhaltung!

Euer Ulrich Walter

Professor für Raumfahrttechnik
Technische Universität München

Die Raumstation MIR im Europa-Park

Hast du Lust auf dein eigenes Astronauten-training in einer echten Raumstation? Im Europa-Park in Rust (bei Freiburg) kannst du dir eine Trainingsstation der russischen Raumstation MIR von innen und außen ansehen. Die richtige MIR flog 15 Jahre um die Erde, und zahlreiche russische Kosmonauten wohnten dort viele Monate lang. Vor einigen Jahren ist sie allerdings wie eine Sternschnuppe in der Erdatmosphäre verglüht, weil sie inzwischen zu alt geworden war. Vorher sind natürlich alle Kosmonauten mit ihrem Raumschiff abgereist.

Und gleich daneben: Das Science House

Links vom Haupteingang des Europa-Parks solltest du unbedingt einen Abstecher in das Science House machen. Als kleiner Astronaut kannst du hier einen richtigen Meteoriten bestaunen! Er ist viele Millionen Kilometer durch das Weltall gerast, um dann glühend in der Wüste Sahara aufzuschlagen. Und die „Brüder" von Roboter „Armstrong" kannst du hier auch treffen. Die Robotinos fahren an einer Station im Science House umher, um Ordnung zu schaffen.

An über 80 Stationen kannst du im Science House experimentieren, konstruieren und ausprobieren. Hier wirst du selbst zum Forscher und Entdecker – und vielleicht später einmal einer der ESA-Astronauten, die ins Weltall fliegen.

Infos findest du unter www.science-house.de und www.europapark.de